我與心

整體生命心理學

吳怡 ◎著

臺灣商務印書館

萬卷書籍，有益人生
——「新萬有文庫」彙編緣起

台灣商務印書館從二〇〇六年一月起，增加「新萬有文庫」叢書，學哲總策劃，期望經由出版萬卷有益的書籍，來豐富閱讀的人生。

「新萬有文庫」包羅萬象，舉凡文學、國學、經典、歷史、地理、藝術、科技等社會學科與自然學科的研究、譯介，都是叢書蒐羅的對象。作者群也開放給各界學有專長的人士來參與，讓喜歡充實智識、願意享受閱讀樂趣的讀者，有盡量發揮的空間。

家父王雲五先生在上海主持商務印書館編譯所時，曾經規劃出版「萬有文庫」，列入「萬有文庫」出版的圖書數以萬計，至今仍有一些圖書館蒐藏運用。「新萬有文庫」也將秉承「萬有文庫」的精神，將各類好書編入「新萬有文庫」，讓讀者開卷有益，讀來有收穫。

「新萬有文庫」出版以來，已經獲得作者、讀者的支持，我們決定更加努力，讓傳統與現代並翼而翔，讓讀者、作者、與商務印書館共臻圓滿成功。

台灣商務印書館董事長 王學哲

前言
從整體生命哲學到整體生命心理學

我自一九八〇年任教於美國加州整體學研究院至今，雖然所教的課目，都屬中國哲學，但由於該院大部分學生都是研究心理學的，因此他們的問題，都把哲學拉到心理學的範圍來討論。我曾一再強調中國哲學與西方心理學的距離，遠比與西洋哲學為近，因為中國傳統哲學的心性修養，實質上，也是一種健康心理學、精神心理學，或人本心理學。我曾用一個譬喻說，如果哲學（中國哲學）是頭腦的話，那麼心理學便是它的四肢。只有頭腦而沒有強壯的四肢，便易流於知而不行，變成空談。目前西方心理學，就像電腦的發展一樣，無孔不入。所以今天哲學和心理學的結合是最好的，也是必然的發展趨勢。即使我自己這樣的主張，而在該校教學時，也不斷把中國哲學現代化、生活化，經常去指導學生如何用中國哲學解決他們所遭遇的許多問題與困難。但這些都只是零星的、隨緣的，並沒有系統的研究。直到一九九〇年我受該院以「整體哲學」為基礎的影響，而到中國哲學的園地裡，建立了中國整體生命哲學的方法，即是以「道」、「理」和「用」三方面的相互關係，來研究和發展中國哲學。此後在二十餘次國際中國哲學會議中，曾宣讀有關這一方法的論文，後來即編成《關心茶》、《生命的轉化》、《生命的哲學》、《生命哲學的知與情》等書。二〇〇七年，我曾參加廣州的國際人本心理學會議，第一次提出有關「整體生命心理學」的論文。因為限於時間和篇幅，只能做一個概括性的敘述和建議，未能深入的探討。到了今年（二〇〇九）二月間，系中有一門全體該系教授和學生共同參與的課程，主題是「我」（self）。中國哲學方面由我主講。以前談到「自我」，總認為西方文化強調「個人主義」，而中國文化重視倫理關係。由於中國人的「自我」觀念不如西方人那樣濃厚，因此對於「個人」的要求也相對變得淡薄，於是形成一個看法，就是傳統的中國人，不講「自我」，沒有「個人」。儘管中國哲學裡重修己，但我們都把修己當作為人來看，再加上道家的「忘己」、「虛己」，因此在中國哲學的研究上，似乎都沒有針對這個「我」去討論。久而久之，對於這個「我」的研究，變成了心理學上的專題，而在哲學上，只有埋頭去修己，卻對這個「我」避而不談。

由於這次討論會上，我用整體生命哲學的方法，從真我、無我，和肉體及意識的我來研究中國哲學對「我」的看法，才發現中國哲學對「我」的研究，是如此的深刻、切實、積極，而有效，遠比西方哲學及西方心理學對「我」的認識，更具體而合理。所以我把儒、道、禪宗三家對「我」的體驗和修養做了一個有系統的討論，這就是本書的第一部份——整體生命心理學中的「我」。

雖然我用整體生命哲學的三角形來劃分真我、無我和我。但在「我」的修養工夫上，是分為四個層次，即肉體的我、意識的我、理智的我，和精神的我。這是配合了我把「心」分成了四個層次，即肉體的心、意識的心、理智的心，和精神的心，來討論心的轉化作用。

一般西方心理學都把研究的重點放在肉體的「我」和「心」，及意識的「我」和「心」上。他們把理智的「我」和「心」切開，甚至把它當作「自我」抗拒的對象，反而成為心理病態的主因。至於一般西方哲學雖把重點放在理智的「我」和「心」上，但過分的理論化、概念化，也切斷了與意識和肉體的聯繫，形成了虛脫的現象。為了針對以上兩方面的缺失，我把這四個層次連成了一個整體生命的共同體。一方面理智的心把自己所學得的一切知識、經驗、道德教言下貫到意識中去指導七情六欲，甚至維護肉體的健康。另一方面，由於理智有時不免過於強硬、僵化，甚至自以為是，所以它又必須向上提升到「神」的層次，加以超脫化、虛靈化，而能柔和的下貫於意識中去產生作用。在這個「神」的層次上，相當於「神」的，有「道」、「天」、「性」、「自性」、「真心」、「真我」、「佛性」等。在一般宗教、哲學上，往往把它們塗上神祕的色彩，或變成人格化的神祇。而在我所謂的四個層次上，「神」只是一種虛靈的作用，使「理智」往上提升，去掉它生硬的道德意味，再進入意識心中去靈活運用。在表面上來看，是高低的四個層次，其實都包括在心中，是一個大圓周。其中理智心是主角，這有別於一般心理學的避談理智。而理智心又是哲學所研究的主要範圍，所以這是哲學走入了心理學中，是哲學的心理學。這即是本書的第二部分——中國整體生命心理學中的心的轉化。

本書題名「我與心：整體生命心理學」，乃是我多年來強調哲學和心理學的結合，也是我一向主張哲學走入十字街頭的理想。本書只是一個建議性的構想。希望有興趣的人士，能在這方面多所貢獻，開展出一條新的路子來。這對哲學和心理學兩方面，也都能取長補短，相得而益彰。

吳怡　識於美國加州整體學研究院二〇〇九年七月

總目

第一篇

中國整體生命
心理學中的「我」

目錄（第一篇）

第三章　真我　87

緣起

在去年的系務會議中，提到今年我們可以舉辦一次教授和學生聯合的討論會，當時我衝口而出的說，討論「我」（self），而三位教授立刻異口同聲的說「好題目」，一致通過。為什麼我衝口而出的說「我」，這是因為有一位東西心理學的中國學生寫一篇參加心理學討論會的論文，由「我」、「無我」而「真我」。在寫完之後，他來問我，在寫「我」和「無我」時，有很多理論可引用，可是到了「真我」，這個名詞好像很好用，可是反問：「什麼是真我？」又大大的迷糊了。

另外一位十幾年前就拿到博士的東西心理學組的學生，在他的論文中引到《金剛經》的那句使慧能大悟的話：「應無所住而生其心」時，他總覺得這個心，翻成 mind 或 true mind 後，對心理學家來說不易了解，所以他把它翻成「真我」，當時為了方便說法，我暫時同意，可是後來他把心翻成真我時，又產生了很多問題。不過就他的看法，「真我」一詞好像心理學家容易了解，也許他們常用到，可是什麼又是「真我」呢，我肯定沒有一位心理學家會說得清楚的。

再講一個真實的故事，大約十幾年前，哲學宗教組舉行了一次座談會，雷娜教授、詹姆教授、我，還有英國來的一位好像很熱門、很有名的詩人學者。我們討論的主題是Devotion，詹姆教授談印度哲學，當然強調梵我，雷娜教授談印度佛教，主無我，而我呢，講中國禪宗，主明心見性，講自性，常以真我為喻。會後雷娜教授和我開玩笑說：「你不是講佛學嗎？怎麼也講真我，和詹姆同一邊？」可見梵我、無我、真我，這個「我」又打起架來了。

今天，我們三人又聚在一起討論這個「我」了，再加上司蒂文教授以西藏的密教加了進來，這個活佛是梵我、真我，或是無我，問題又更複雜、更熱鬧了。

我主講中國哲學，有儒家、老莊、禪宗三派，問題也很不簡單，儒家不講無我，也不談真我。老莊講無我，也談真我。禪宗講無我處，就是談真我；講真我處，就是談無我。你們看，是否也是把這個「我」，弄得讓人糊裡糊塗，不知所以然。

年來，研究中國哲學常以整體生命哲學的三角形來譬喻，這三角形的三個角是道、理、用。現在我把這個「我」放在三角形中，即是圖1所示。

道　真我（自性）
（聖）
（佛）

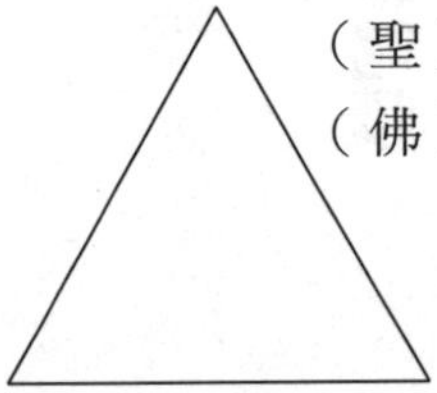

理論我
（忘我）
（無我）

存在我
（性命）

圖1

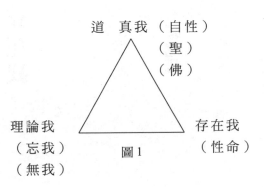

第一章 存在我

1. 軀體我

(1) 儒家

①身體來自父母：儒家對於這個軀體的「我」非常重視，他們認為這個軀體的「我」是來自於父母所給，應好好的保護，所謂「身體髮膚，受之父母，不敢毀傷」（《孝經》）。當孟武伯問孝的時候，孔子回答：「父母唯其疾之憂」（〈為政篇〉），由前面不敢隨便毀傷你的身體，到想及父母擔心你遭遇病痛，這是進一步由保護你

的身體到保養你的身體。這是中國孝道思想最基本的意義。說得好聽一點是為了孝道，為了父母而保護和保養你的軀體，事實上，你最根本的身體的「我」也得以成全。這是兩得其利，中國哲學的可行處，正在於此。

②養身：進一步，儒家重視我們的軀體，還有更積極的一面。在《禮記》中曾說：「愛其死以有待也，養其身以有為也」（〈儒行篇〉）。「愛其死」不是貪生怕死，而是不隨便冒險輕死，因為這個身體等時機來臨時，是有所用的，這是保身。「養其身」是好好的調養自己的身體，並不是為了長得豐滿美麗，而是為了將來有所作為，這是養生。如何去做，在這兩句話的前面便說：「儒有居處齊難，其坐起恭敬，言必先信，行必中正，道塗不爭險易之利，冬夏不爭陰陽之和。」「恭敬」、「言信」，與「中正」，是儒家的行為軌範。至於「不爭險易之利」，是不為利而冒險，「不爭陰陽之和」，是順乎自然。這種「陰陽之和」，到後來《黃帝內經》中，更成為中醫學說調養身體的基本理論，這是後話，在這裡，儒家養身的精神，乃在於「有待」、「有為」。

③護身：現在我們更具體的看看儒家如何去保養這個軀體的「我」。在孔子的《論語》中有一篇〈鄉黨〉，都是記載孔子的一些生活習慣，由於沒有涉及很深的

政治、倫理、為學等思想，所以常為人所忽略。可是今天我們討論這個軀體的「我」，卻覺得極有意義。現在特別舉出他對身體的注意方面來看，他說：

「食不厭精，膾不厭細。食饐而餲，魚餒而肉敗，不食。色惡不食。臭惡不食。失飪不食。不時不食。割不正，不食。不得其醬，不食。肉雖多，不使勝食氣。惟酒無量，不及亂。沽酒市脯，不食。不撤薑食，不多食。祭於公，不宿食。祭肉不出三日，出三日，不食之矣！食不語，寢不言。」

這些好像只是孔子個人的生活習慣，雖然其中有一二點，今人以為是有點挑剔，但就整個態度來看，乃是孔子對於保養這個軀體「我」的小心、重視。甚至「割不正」、「寢不語」還由軀體而影響到心意識的層次。

④戒身：為了保養身體，孔子還提出三戒，他說：

「君子有三戒，少之時，血氣未定，戒之在色。及其壯也，血氣方剛，戒之在鬥。及其老也，血氣既衰，戒之在得。」（〈季氏篇〉）

「血氣」，即血液和氣脈，即肉體的存在。孔子說的這三種現象「未定」、「方剛」、「既衰」，即肉體發展的三個階段。而「戒色」、「戒鬥」、「戒得」正是保養身體的三種態度和方法。「戒色」，是不以色欲過度而傷身；「戒鬥」，是不以好強鬥狠而害身；「戒得」是不以貪得無厭而損身。這雖以人生的三階段來譬喻，但卻是肉體發展上的三種現象，如果調節不當，便會反過來傷害肉體，所以說「戒」，就是要我們警惕，小心對付。至於「戒得」更是由軀體的衰微配合心意識的貪得無厭來說的。

⑤安身：儒家最常講的一句話，是「安身立命」。這裡的「安身」，最直接的意義是使自己的身體在最安全的地方。這本是人類保全生命的最基本欲望，孟子曾說：

「莫非命也，順受其正。是故知命者，不立乎巖牆之下。盡其道而死者，正命也。桎梏死者，非正命也。」（〈盡心篇下〉）

這段話正可作為「安身立命」的最好詮釋，「命」有天命、命運和生命三種意義。我們暫且把命運放在天命之下，我們的生命是由天所賦，我們順其自然，合乎正道，即是正命。相反的，本可以避開危牆，可是卻不知走開，而被危牆倒下來壓死，這便是死於非命，便是不知真正的愛護自己的生命。當然「巖牆」是一個譬喻。說淺了，如飆車、酗酒，都是不必要的危身；說大了，如「危邦不入、亂邦不居」也是這種意思。

⑥修身：「修身」本是指的修德，修德重在修心，所以也是修心，可是這裡卻用的是軀體的「身」字，是否有它的用意？本來中國文字的「身」字有時也兼有心的意義，可以說中國人的思維是心身不分的，但這裡用「身」字，仍然有它特殊的意思，試看《大學》八目的：「格物、致知、誠意、正心、修身、齊家、治國、平天下」，前面已說了誠意、正心，接著當然不能說修意、修心，所以換了個字，說「修身」。同時，接下來說齊家、治國、平天下，都是外在的、有形象的，所以用這個「身」，由內向外，由無形而有形。現在我們把「修身」就限定在「軀體」的「我」這方面來看。這個「身」，當然包括了軀體上的五官。在佛學來講是「五蘊皆空」，這五蘊包括了五官，具有消極的意思，可是儒家的看法卻不然，這「五官」不能空，它們是我們修身最重要的器官，試看《書經》中的一篇重要文獻〈洪範〉

上說：

「五事：一曰貌、二曰言、三曰視、四曰聽、五曰思。貌曰恭、言曰從、視曰明、聽曰聰、思曰睿。恭作肅、從作乂、明作哲、聰作謀、睿作聖。」

這裡所謂「五事」是指人民日常生活上的五件重要的事。除了「思」屬於意識思想外，其餘四件都與我們軀體的「五官」有關。我們的哲人是把它們當作正面的身體的官能，來積極的運用，以建立正確的行為和德行。貌是整個身體、言是口、視是目、聽是耳。要好好的訓練它們，以達到正確的運用和最佳的效果。這就是「修身」。

⑵ 道家

①身體來自一氣：道家當然也知道這個軀體的「我」，是由父母所生，但他們不在這裡立論，而把它推得更高、更大、更遠。認為這個「我」是宇宙一氣之所化。

譬如莊子妻死時，他說：

「察其始而本無生，非徒無生也而本無形，非徒無形也而本無氣。雜乎芒芴之間，變而有氣，氣變而有形，形變而有生，今又變而之死，是相與為春秋冬夏四時行也。」〈至樂篇〉

莊子這種氣化說，也是典型的道家對生命和軀體「我」的看法。對於父母雖然有生育之恩，這是大哲如老莊也不會否認的，但他們把對父母的恩融入自然的大化之中。因此保養身體，不只是對父母的交代，而是大化給我們的生命之真，我們要好好的保全。試看宇宙間的一草一木，一禽一獸，不都在盡量保全牠們的生命的真實嗎？

②身體的「無」和「有」：宇宙萬物都本能的具有一套保護他們軀體的方法，達爾文研究的動物各有其保護色，或特別的技能來保護牠們的生命。那麼人呢？雖然我們直立以後，大腦發達，使我們憑知力，成為萬物中最有力量的，可是人的生命也有其自限，死亡的威脅並不因知力的發達而能豁免，莊子說：

「一受其成形，不亡以待盡，與物相刃相靡，其行盡如馳，而莫之能止，不亦悲乎！」〈齊物論〉

這裡的「物」指外在的事物，也是指物欲。這些交錯複雜的事物與物欲一直在砍傷我們的「軀體」的「我」，使我們像駕著沒有煞車的車子，奔向死亡。這是有「我」的悲哀！如何跳脫這種悲哀，道家仍然慣用他們的兩把鑰匙：「無」和「有」，如下面所述。

③無身：既然這個軀體的「我」有那麼大的麻煩，最簡單的，不如把它「無」掉，老子說：

「吾所以有大患者，為吾有身。及吾無身，吾有何患！」（第十三章）

這裡老子要「無身」，可是四句短語中，就有四個「吾」的主詞，試想一連強調「吾」，又如何「無」得了「身」。其實，我們已有「身」，又如何能把它除掉。尤其道家不像佛家一樣，把這個「身」當作臭皮囊，相反的，卻要好好的保養它。

如果把這幾句話的前文拿來參看一下，老子說「寵辱若驚，貴大患若身」，即是說不要讓「寵辱」和「大患」來加諸吾身，換句話說，就是不要把這個「我」寄託於外在的寵辱、得失。譬如很多人把財產、名譽、成就當作「我」一樣。所以老子此處的「無身」是不執著這個以外物附著的「身」為身。這樣，這個「身」才能乾乾淨淨，活得自然。

④愛身：好像很矛盾似的，老子在同一章中說了「無身」之後，又接著說：

「貴以身為天下，若可寄天下；愛以身為天下，若可託天下。」（第十三章）

這裡又說「貴以身」、「愛以身」。事實上，在「無身」之後，才能真正的「貴身」、「愛身」，這是真正的貴重自己，愛惜自己。說明白一點，就是貴那個真正的我，愛那個屬於自己的我。而不是挾外物以自重的我，和別人眼中的我。

⑤忘身：前面說「無身」是不以外在的一切來裝飾自身，而此處「忘身」是直接對這個軀體的「我」的超脫。這個「忘」字似為莊子所首創，而為莊子修養的一個主要工夫。在〈齊物論〉中一開端便說「吾喪我」，這個「喪我」，就是「忘

我」。接著在〈大宗師〉中有兩段對話：

「（顏回）曰：『回坐忘矣！』仲尼蹴然曰：『何謂坐忘？』顏回曰：『墮肢體，黜聰明。離形去知，同於大通，此謂坐忘。』」

「九日而後能外生；已外生矣，而後能朝徹；朝徹，而後能見獨；見獨，而後能無古今；無古今，而後能入於不死不生。」

這裡的「墮肢體」就是捨掉自己的軀體，「黜聰明」，就是不要執著自己的耳目。這是對軀體「我」的擺脫。至於「外生」就是把這個「我」的生命擺在一邊，不要念念不忘自己的存在。這個「忘」和「無」有點不同，「無」有兩種意義，一是斷滅，一是無執。斷滅是對欲而言，無執是對念頭來說。印度佛學兩種都講，工夫卻有深淺。老子卻多講無執，前面的「無身」即是例子。至於莊子的「忘」不是斷滅。雖有「無執」的意思，但在「無執」之上還有境界，「坐忘」後的「同於大通」，「外生」後的「朝徹」和「見獨」都是「忘」字工夫的境界。

⑥化身：承接這個「忘」字，就是莊子的另一個重要的字「化」。「化」是工

夫，也是境界。就境界來說，「化」已入神，是該放在真我處來談的，但「化」也是工夫，此處講軀體的「我」，所以我們就針對這個存在的「我」來說如何去「化身」。在《莊子》書中沒有這兩字，但他說「物化」，即是我此處講的「化身」，即把自身化掉。莊子的物化最有名的譬喻是莊周夢蝶的故事：

「昔者莊周夢為胡蝶，栩栩然胡蝶也，自喻適志與！不知周也。俄然覺，則蘧蘧然周也。不知周之夢為胡蝶與？胡蝶之夢為周與？周與胡蝶，則必有分矣！此之謂物化。」〈齊物論〉

這個「夢」，如果就「夢」的本身來說，人人都有夢，而在夢中也都有這種「自喻適志」的感覺，可是當我們醒來之後，卻自執此身，斥夢為幻境。可是莊子之不同，就是把這個「夢」境，當作工夫的著力點，去點化這個使人執著的「身」，即是軀體的「我」。在〈大宗師〉中還有一段故事：

「夫大塊載我以形，勞我以生，佚我以老，息我以死。故善吾生者，乃所以善吾死也。今大冶鑄金，金踊躍曰：『我且必為鏌鋣』，大冶必以為不祥之金。今一犯人之形，而曰：『人耳、人耳！』夫造化者必以為不祥之人。今一以天地為大鑪，以造化為大冶，惡乎往而不可哉！」〈大宗師〉

這就是不要把自己的軀體「我」，特別凸顯出來，以為與人不同，與萬物不同。而是把這個「軀體」的「我」，看成萬物中的一個「物」，生死只是物與物的轉化。所以此「身」，此「我」，只是大化中的一個暫時的轉化站而已。

⑦鍊身：在這裡不用修身、修養，或修鍊，而用這個「鍊」字，顯然是指神仙之學和道教對軀體的「我」的修鍊。本來在哲學思想上講，我們應以道家的老莊為主。但對於這個軀體的「我」來說，是指這個有血有肉的形體，而神仙之學和道教正是專門對付這個「身體」的，所以我們不能不留一點篇幅給它們。

神仙之學的道教對於這個軀體的「我」是肯定的。因為這個「軀體」是修鍊的基礎，沒有這個軀體，又那有長生不老可言。《參同契》中說：

「將欲養性，延命卻期，審思後末，當慮其先。人所稟軀，體本一無，元精雲布，因炁托初。陰陽為度，魂魄所居。陽神曰魂，陰神云魄。魂之於魄，互為室宅，性主處內，立置鄞鄂；情主營外，築為城郭。城郭完全，人民乃安。」

〈性命歸元章〉

從這段話裡，可見這個軀體「我」的構成元素是「精」、「氣」、「神」。「精」，說白了，就是精液，男女構精，生命形成。「氣」，就是通貫全身的脈息。「神」就是精神作用。對應這三者，神仙學的修鍊方法，就是「寶精」、「行炁」，與「吃一大藥」。「寶精」，說低了，即寶養精液，還精入腦；說高了，即寶養精神，不為欲漏。「行炁」，即靜坐調息，運氣入神。「吃一大葯」，即服食仙丹，以求長生不老，或立地成仙。這套神仙修鍊之學隱蔽在神祕的色彩中，往往走入了歧途，產生了許多流弊，不僅許多君主吃丹葯而暴死，更不知道有多少人因此騙人及被騙。然而在某些方面，因重視這個軀體我，而發展出的護生的中醫和健身的拳術，也留下了不少正面的作用。

⑶禪宗

①一朝風月：禪宗是印度佛學傳到中國後所形成的一個流派，照理說，它應該承襲了大部分的印度佛教和佛學的思想。譬如佛教中講的業與輪迴，佛學中講的涅槃與性空。可是由於中國禪宗受到老莊與儒家思想的影響，本土的精神大過外來的色彩。因此即使許多禪師，在宗教上，都是僧徒，照理都應該信仰業與輪迴，服膺涅槃與性空。可是他們卻避而不談，而在日常生活上表現的、討論的，都是由老莊和儒家思想影響後，所產生的許多修養工夫。

對於這個軀體的「我」來說，禪宗似乎不從業與再生來著眼，也不談四諦、十二因緣。他們直接面對那個活生生的軀體我，不談前生、不談來生、不談生老病死的歷程，只抓住當前一剎那的「我」，正如天柱崇慧的一句詩「萬古長空，一朝風月」。在無限長、無限大的宇宙中，我此刻軀體的存在，雖然只有一瞬，好像極為短暫，但這一瞬的存在，卻又是永恆的。天柱的這種看法，可以說是中國禪師們的共識。這一點，我們在下文會有分析。在這裡，我們要強調的是這種看法，也許是來自中國哲學、或老莊思想的影響，最顯明的是僧肇在他的四論中，用老莊和般若思想搭起了一座通向禪宗的橋梁，他在〈物不遷論〉中，曾說：

「傷夫人情之惑也久矣！目對真而莫覺，既知往物而不來，而謂今物而可往，往物既不來，今物何所往？求向物於向，於向未嘗無，責向物於今，於今未嘗有。於今未嘗有，以明物不來，於向未嘗無，故知物不去。覆而求今，今亦不往，是謂昔物自在昔，不從今以至昔，今物自在今，不從昔以至今。」

僧肇這番話，直截的說，就是每個物體在它們所存在的單位時間內是不滅的，也就是永恆的。所以這個軀體的「我」，在它存在的每一連續的剎那都是不朽的。這種思想也可說承接了莊子物化中的每一物存在的真實性。由於這種中國思想的支持，僧肇和中國的禪師們才敢避開印度佛學，而直接從軀體的「我」中去親證。

②幻身即佛身：傳統的佛學都認為我們這個軀體的「我」是空的，所以都唱「無我」之論。都把這個「軀體」看作臭皮囊，這個「我」視為麻煩的製造者。禪宗對於這個軀體的「我」是給於正面的評價，慧能弟子永嘉玄覺的詩便直截的說：

「幻化空身即佛身。」（〈永嘉證道歌〉）

「六度萬行體中圓。」（同前）

一般佛學視軀體為幻化，「我」為空身。永嘉卻直截說是佛身。只有軀體的「我」才能證佛身，沒有軀體的「我」就沒有佛身。因為佛是由「我」去成就的，沒有「我」就沒有我所成的佛。儘管在「我」之外，還有別人成就的佛，但那只是別人的佛。與我的佛又有何關？由於這個原因，所以佛學上所講的一切道理、一切修持，所謂「六度萬行」都是針對這個「軀體」的「我」。否則那些「六度」、「萬行」都是空名詞，毫無意義。

③飲食尋常身：既然這個軀體的「我」，如此重要，那麼究竟如何去保養它。在傳統印度佛學重戒律，比丘有二百五十戒，比丘尼有三百四十八戒。這些戒律無異把這個軀體的「我」當作敵人一樣來抵制。雖然他們說是治心，實際上，對於這個軀體「我」的防閑更是嚴厲，譬如佛陀子弟中，最被重託而傳授大法的迦葉尊者，也是被認為印度禪的首祖，他所奉行的頭陀行，便是一衣一缽、住無定所的苦行僧。中國的禪宗自百丈訂立叢林制度後，雖然僧徒的生活也清苦，但自力耕種，和一般

農民的生活水準相似，只是素食而已。他們喝茶吃粥，倦了眠，冷了添衣，一切如常。對他們的軀體「我」也是非常合理的保養。譬如慧能對於神秀的刻意長坐便批評說：「長坐拘身，於理何益？」而要「長伸兩腳臥」了。

④日日能安身：在印度佛學的三法印中強調「諸行無常，諸法無我，涅槃寂靜」。由於他們認清外物都是變幻無常，沒有定性，所以他們也了解自己的軀體是空的，每個日子，都戒慎恐懼，深怕執著成了污染。這即是佛教的空觀、苦觀。中國禪宗卻不然，《碧巖錄》中有兩則公案：

「馬大師不安，院主問：『和尚近日尊候如何？』大師云：『日面佛，月面佛。』」

「雲門垂語云：『十五日已前不問汝，十五日已後，道將一句來？』自代云：『日日是好日。』」

當寺院住持問馬祖病體時，馬祖回答「日面佛，月面佛」。據佛典上記載，日面佛壽命一千八百歲，月面佛壽命只有一晝一夜。馬祖的意思是指兩佛的壽命雖然長短不同，但都是佛這一點卻是相同的。這是馬祖對於病體的超越，不為軀體所拘，而能安於壽命的長短。至於雲門說「日日是好日」，更進一步認為每天都是好日子，這也是指軀體的「我」在每天的生活中，都能很安然自在。儒家講「安身立命」，此處的意思應該相差不遠。一般都把這種工夫當作心性的修養。當然不錯，但在每天的生活中，我們軀體「我」卻是首當其衝的與外界接觸，如果我們對軀體「我」，沒有好好的調適，而要「日日是好日」，恐怕每天都要勞心費神了。

2. 意識我

此處意識「我」，和軀體「我」的不同是，軀體「我」，是指那個五官七竅的肉體的「我」，而意識「我」是指在我們心意心念中所想到的「我」。這個「我」仍然以軀體「我」為主體。不過這個「我」乃存在於意念中。如七情六欲中的「我」。也是我們每天喜怒哀樂，一切情緒、感覺、思慮中的那個發動者的「我」。不過意識和心常常混淆不清，所以這個「我」，都以「心」字來表達。也是今天心理學所研究的對象，它的範圍非常廣，就中國哲學來說，這個意識心中的我，有負面的和正面的兩重意義。但下文先就負面來說，正面的，在理論「我」中再談。

⑴儒家

①偏私的我：儒家不談無我，可是在《論語》中出現了僅有的一次，孔子說：

「毋臆、毋必、毋故、毋我。」〈子罕篇〉

這裡的「毋我」，雖然毋和無相通，但「毋我」和佛家的「無我」絕不相同。儘管孔子學生沒有對這個「毋我」引伸說明，想必孔子當時一定說得很清楚。我們就「毋我」前面接連所說「毋臆、毋必、毋故」可以看出，「毋臆」是不要有自己的臆想；「毋必」是不要自己太武斷；「毋故」是不要自己太固執。那麼接著的「毋我」，應是不要自我觀念太強，什麼事情都以自我的私心為出發點。總之，這四毋就是除去我們的偏見私心。這和孔子解「仁」的「己立立人，己達達人」，解「恕」的「己所不欲，勿施於人」正好相互對應。在孔子和儒家的看法，人的意識心中有

「我」，本是很自然的，但只要想到「我」的時候，也想到別人也有一個「我」。拆除了圍繞著「我」的許多偏見私心，人與人便能和樂相處。這也就是天下為公的大同世界。

②小體的我：孟子以為我們的這個「我」，有大有小，大是大體，小是小體。發揮大體的是大人，執著小體的是小人。《孟子》書中有一段對話：

「公都子問曰：『鈞是人也，或為大人，或為小人，何也？』孟子曰：『從其大體為大人，從其小體為小人。』曰：『鈞是人也，或從其大體，或從其小體，何也？』曰：『耳目之官不思而蔽於物，物交物，則引之而已矣。心之官思，思則得之，不思則不得也。此天之所與我者，先立乎其大者，則其小者不能奪也。此為大人而已矣。』」（〈告子篇下〉）

在這段話裡，我們可以做這樣的分析。在我們的意識中，有大體的「我」和小體的「我」。我們「心之官思」，是指心知的思想，心知在我們的意識中強調大體，而使我們的「我」向上提升，而為大人。相反的，心知不能產生作用，那麼肉體的欲望，牽制了小體的「我」，使意識中的這個「我」全為物欲所左右，便向下沉淪，而為小人。

③自欺的我：我們意識的「我」，如果沒有心知的省察、指導，往往陷在意識中，非但失去分辨的作用，而且還會形成一種錯覺，以幻覺為真，以妄為是。《大學》上說：

「所謂誠其意者，毋自欺也，如惡惡臭，如好好色，此之謂自謙。」

這裡的「自欺」兩字用得好。本來人的感覺意識也是直接的反應，看色是色，聽聲是聲。這可稱之為直覺。但人的意識發展不只限於感覺，而逐漸的變得非常複雜，因此這個意識中的「我」，可能因自大，而過分膨脹；也可能因自卑，而失去自信。這都是一種自欺。更有甚者，在這個複雜的社會中，由於爾虞我詐，這個意識的「我」，也粉墨登場，周旋其中，最後忘了自己的本色，而把這個假「我」當作自己，這是自欺。更可憐的是，他還不知道自己在「自欺」。

④迷失的我：意識就是我們的心意識。在儒家的看法，我們的「心」，往往會

走岔路，迷失了自己。大學篇中說：

「所謂修身，在正其心者，身有所忿懥，則不得其正，有所恐懼，則不得其正，有所好樂，則不得其正，有所憂患，則不得其正，心不在焉，視而不見，聽而不聞，食而不知其味，此謂修身在正其心。」

這裡的「忿懥」、「恐懼」、「好樂」、「憂患」，都是我們的情緒。並不是說儒家認為人不該有情緒，而是說這種情緒如果過強過當，便會自焚，使我們的意識失去了作用，也就是變得「心不在焉」。這個「心不在焉」，真正的意思就是「心知」在意識中失去了作用。這個「心」不在，就是「心」跑到外面，追逐物欲，而迷失了自己，如孟子所謂：

「仁，人心也。義，人路也。舍其路而弗由，放其心而不知求，哀哉！人有雞犬放，則知求之；有放心而不知求。學問之道無他，求其放心而已矣！」（〈告子下〉）

「放心」就是「心」逐物欲，流浪在外，而不知歸。就同這個意識的「我」，在外追逐，而迷失了自己。

⑵道家

①多欲的我：意識心和欲望關聯極為密切，我們的七情六欲都影響意識，也都是意識的作用。本來在軀體我的層次，基本的欲也是生存的必需，就像告子說的「食色性也」。可是這種基本欲到了意識我的層次，卻擴張了它們的需求，不易滿足，而無法控制。也就是由基本欲，變成了無厭的欲望，「欲」而有「望」，「望」是希望、追求，也就永遠不能滿足。老子說：

「虛其心，實其腹。」（第三章）

「聖人為腹不為目。」（第十二章）

「腹」是代表基本欲，而「心」和「目」就是欲望的追求。其實欲望本身不會追求，而是在欲望背後有一個指使者，就是意識我在那裡策動。我們的意識就把這個架在欲望上無限追求的主動者當作「我」。如老子說：

「服文綵，帶利劍。厭飲食，財貨有餘，是謂盜夸。」（第五十三章）

用現代的話來說，就是開新車、住洋房、吃美食、銀行存款用不完。這就是欲望，而我們的意識，就把這種欲望的追求當作「我」。一旦欲望追求破滅，這個「我」也就破滅了。

②好名的我：前面「多欲」的我，是指對物質的追求，另外還有一種欲望的追求，是從物質欲望膨脹出來，而成為對名望的追求。這種「名望」，雖然沒有物質那麼具體，但它比較抽象，反而更具有控制力、殺傷力。莊子便說：「德蕩乎名」。就是說我們真正自我的德性，一旦為了名，便完全被破壞了。莊子還說：

「且昔者桀殺關龍逢，紂殺王子比干，是皆修身以下傴拊人之民，以下拂其上者也，故其君因其修以擠之。是好名者也。且昔者堯攻叢枝，胥敖、禹攻有扈，

國為虛厲，身為刑戮，其用兵不止，其求實無已，是皆求名實者也。」（〈人間世〉）

以上所舉的例子都是中國歷史上有名的賢臣和聖君。關龍逢和比干都是有德的賢臣，可是為了有德之名，他們直言干犯君主，用莊子的話，就是「而強以仁義繩墨之言術暴人之前者，是以人惡，有其美也」（〈人間世〉），也即說以別人之惡，顯自己之有德，所以反遭殺身之禍。至於堯和禹都是早有名望的聖王，他們為了證實他們的名望不虛，而攻伐一些野蠻不化的小國，一念之差，而輕啟戰端，反而使生民塗炭。莊子舉這些例子雖然很特殊，也夾雜了他自己的一套看法。不過我們很多人在意識中卻把這個名望的「我」當作自我。譬如「我」是名教授、名作家，甚至我是榮譽學生等。如果這個「名」是來自於你的實際成就，本來也無可厚非，可是人之好名，往往誤「名」為「己」。自己活在「名」中，久而久之，只知有「名」，不知有「己」。為了守住這個「名」，保護這個「名」，於是喜怒好惡的情緒便控制了自己。孟子說：「不虞之譽，有求全之毀」，這正是好名而害了自己的結果。

③自是的我：這個「自是」是來自於「知」。本來在我們保衛軀體的「我」，

及追求生存的過程中，知識的發展是必需的。對於外在的知識，如科學的發明，科技的運用，及個人的謀生知識，這些是純知識，當然是好的。可是對應外在的知識，而內心卻形成了另一種「知」。這種「知」在我們的意識中，和七情六欲所混雜，失去了「知識」的客觀性，而往往走偏了，譬如一位科學家對外物的研究獲得成果，這是客觀的成就。可是他心中以這種成就為高，便成為科學的驕傲與獨斷。而同時，也形成了他自我的偏見與執著，老子說：

「不自見，故明。不自是，故彰。不自伐，故有功，不自矜，故長。」（第二十二章）

這裡的「自見」、「自是」、「自伐」、「自矜」，都是來自一個「自是」。就是自以為是。在自己的意識中，形成了一個知識的王國，自己就是國王。像《莊子》書中的那個井底之蛙，永遠跳不出那口井，永遠看到的是井口般大的天。

④意志的我：這個「志」字，在儒家是正面的、積極的。所以講「立志」。我們一般人也都知道「立志」的重要，可是道家對於這個「志」，卻取它的負面意義，

指野心的意思，如老子說：

「弱其志。」（第三章）

無獨有偶的，在德國哲學家叔本華的思想中，受佛學的影響，對於這個作為will的「志」也持負面看法。現在我們回到道家思想。道家對這個「志」，並非大加撻伐，因為做人總要有「志」的，有志向上有什麼不好。所以老子並沒有要我們去掉「志」，斷掉「志」，而是認為「志」太強會有毛病，要我們「弱其志」，即減低一點，減少一點，因為這個「志」太高了，做不到；太強了，使自己煩惱，所以要減弱一點。他又說：

「強行者有志。」（第三十三章）

在這裡，他也沒說「志」不好，只是指出「強行」，便不能順其自然。回歸到意識我來說，這個「意志」，是意識在某一個目標上所產生的一種強化的力量，這種力量加強了自我的能量，有時達到自我所不易到的地步，有時可以超脫軀體，揚棄痛苦悲哀，而進入渾然無我之境，可是這種「強行」，有時是外加的、暫時的，強到某一程度，會燒毀了自己。所以如果把這種意志力當作「我」，結果會使自我不勝負荷，反而傷害了自我。

⑶禪宗

①揀擇的我：「揀擇」是指我們心意識的分別作用，這種分別不是指五官對外境的分別，而是意識中的七情六欲產生了選擇的作用。三祖僧璨說：

「至道無難，惟嫌揀擇，但莫憎愛，洞然明白。」（〈信心銘〉）

後來趙州禪師更發揮說：

「至道無難，惟嫌揀擇，才有語言，是揀擇？是明白？老僧不在明白裡。是汝

還護惜也無？」（《碧巖錄》）

這個「揀擇」來自「憎愛」，也即意識中七情的「愛」、「惡」。而產生這種「愛」、「惡」的揀擇作用，自然是意識中的那個「我」。合我意就「愛」，不合我意就「惡」，所以這意識「我」，發動了「愛」、「惡」的心念，而它自己又為這種「愛」、「惡」的心念所左右。惡性循環，全無自主。所以慧能在大庾嶺上點化惠明說：

「不思善、不思惡，正與麼時，那個是明上座本來明目？」（《壇經・自序品第一》）

這個本來面目就是不受意識中憎愛所牽制的自性的「我」。趙州說了「不在明白裡」之後，問學徒「還護惜也無？」就是在擺脫意識我之後，去護惜那個原來的「我」。

②執著的我：「揀擇」是內在心意識的作用，而「執著」卻是由揀擇對外境的

陷落。這兩者都是使我們墮在二元的世界中，為意識所困，為煩惱所苦。這二元的世界即我們身處的現象世界，非常複雜，有太多二元的對立、對待關係，我們暫以慧能在《壇經》中的三十六對法為例：

「外境無情五對：天與地對、日與月對、明與暗對、陰與陽對、水與火對，此是五對也。法相語言十二對：語與法對、有與無對、有色與無色對、有相與無相對、有漏與無漏對、色與空對、動與靜對、清與濁對、凡與聖對、僧與俗對、老與少對、大與小對，此是十二對也。自性起用十九對：長與短對、邪與正對、癡與慧對、愚與智對、亂與定對、慈與毒對、戒與非對、直與曲對、實與虛對、險與平對、煩惱與菩提對、常與無常對、悲與害對、喜與瞋對、捨與慳對、進與退對、生與滅對、法身與色身對、化身與報身對，此是十九對也。」（〈付囑品第十〉）

在這三十六對中，「外境無情」是指外面客觀的現象，「法相語言」是指語言觀念。「自性起用」是指心意識的作用。本來外境的二元相對現象是自然的，可是由我們意識的揀擇作用而產生了二元的觀念世界，這是我們意識所形成的。接著，我們又因執著而製造了複雜的二元心態。我們意識的「我」，就在這二元中執著以為「我」。是「邪」是「正」；是「癡」是「慧」；是「愚」是「智」。我們自以為「正」，以別人為「邪」。自以為「慧」，以別人為「癡」。自以為「智」，以別人為「愚」。這種執著，就使我們意識的「我」自陷於二元心態的泥淖中而無法自拔。

③貢高的我：「貢高」即是佛學上常說的「貢高我慢」，即是驕傲自是。在慧能《壇經》中曾說：

「除卻自性中不善心、嫉妒心、諂曲心、吾我心、誑妄心、輕人心、慢他心、邪見心、貢高心。」（〈懺悔品第六〉）

這裡的輕人心、慢他心都是貢高、我慢。我們一般人的驕傲自大、輕慢一切暫時不說。即使學佛信仰很堅定的人，他念念不忘成佛，重佛性而輕人性，把自己放在佛性一邊，而輕視人性，也就是把世俗的一切禮法，都當作俗務「不屑一顧」，這就是我們此處所謂的「貢高的我」。太虛大師的人生佛教，強調「人成即佛成」。今天學佛的人在意識的「我」中，便把人性的「我」排在一邊，使得意識的「我」中缺少了人性。這就是「貢高」的「我」在作祟。

④空想的我：由於前面的「貢高的我」，把自己抽離了人性，而形成了虛脫的現象，以致掉入了空想之中，如慧能在《壇經》中說：

「若是一切人惡之與善，盡皆不取不捨，亦不染著。心如虛空，名之為大。故曰摩訶。善知識，迷人口說，智者心行。又有迷人，空心靜坐，百無所思，自稱為大。此一輩人，不可與語，為邪見故。」（〈般若品第二〉）

這些話是對前面的「揀擇」和「執著」有所說明。因為「不揀擇」、「不執著」，乃是在心意識中不要預設好分別心，對外境揀擇而執著。並不是要我們掉入死空中，什麼心念都沒有。所以慧能在「不思善、不思惡」的當時，還要人去參參那個是我們的本來面目。趙州「不在明白裡」之時，要去護惜那個不在明白裡，卻了了分明的自性真我。相反的，如果我們落在死空中，整個意識都空掉，當然意識的「我」也沒有了。又有誰去「轉識成智」？慧能要我們「識心」，就是希望我們對於那個在意識中，被情被欲所左右的我，能認清它、轉化它。接著「見自性」，更是要把這個意識中的「我」提升上來，使它因一念的悟，而成正覺。

第二章
理論我

理論「我」是在理論中去看「我」的存在，以理論去解決「我」的問題。在我所舉的整體生命哲學的三角形中，「理」包括了原理和理論。這在我所談的「心」的四個層次中，是屬於心知的，所以理論的我，也是心知的我。在這裡，我們所談的，就是如何去認識這個「心知」中的「我」。

1. 道德我

道德兩字的中文原意是道加上德，道是指天道，德是指個人德性的修養。這本是非常正面的意義。可是由於道德成為一個複合詞之後，便成為一個通俗的名詞。就像英文的morality，變成了一個道德觀念和德目，也變成外在加予我們身上的傳統的觀念意識，所以今天從事心理學的專家學者，都視道德的力量，逼迫自我抗拒，而成為心理上的問題。顯然這個「道德」是板滯了的觀念，是世俗的看法，而不是先哲們建立道德的本意。

(1)儒家

儒家的朱熹講「繼天立極」。「繼天」是繼天道，「立極」即以德行樹立做人的標準。這就是由道而立德的「道德」的本意。在「立人極」的努力下，就是要以道德為每個人的「自我」找到他們的定位。找到他們人之為人的特質。

①仁：孔子說：「仁者人也。」(《中庸》)仁字的原來意思是和人字相通的，而儒家的孔孟，都以「仁者人也」來強調仁就是人道、人的特質。本來，人是萬物中的一種，但我們自稱為「萬物之秀」，秀在那裡？不是人長得美，而是因為人有一種特質，是人和萬物不同的地方。這個人的特質，就是「仁」字。孔子為「仁」說

了一個很精要的注釋，就是：

「仁者，己欲立而立人，己欲達而達人。」〈雍也篇〉

這句話緊扣本文「自我」的主題，就是一個「己」字。所謂「人」本是一個通稱，「人」所指的當然是每個人的「自我」，所以孔子此處抓住一個「己」字為出發點，而避免陳義過高，不近人情。在前面講「存在我」字已說明了「我」的存在是最重要的基點，那麼這個「仁」的德性，便應建立在這個基點上，所以講「己立」、「己達」。這是任何人，任何自我都先天賦有的本能。可是接著「而立人」、「而達人」，就由自我推到別人的自我。把人從物性中提升了出來。而建立了人與人之間的關聯，也使自我擴大了它的範圍而成為大我。

「仁」在中國哲學裡，是儒家學說最重要的一個總德行，由於重要，因此後代學者都高推聖境，都把它加深化了。認為孔子很少推許別人為仁人，因此「仁」之道大。其實，仁之道是大、是重要，因為它是每個人都有的，每個「自我」都必須行的，「能近取譬，可謂仁之方也。」所以我們周圍都是行仁的路子，因為「仁」

就是每個人「自我」的完成的特質。

②義：「義」字在儒家也是極重要的字，孟子把仁義並列而言。這個「義」字有極強的道德感，我們常把它解作正義、公義、大義，因此好像「義」有強制別人、規範別人的意思。孔孟兩人對「義」字最重要，也最流傳的解釋是：

「君子喻於義、小人喻於利。」〈論語．里仁篇〉

「義者，人路也。」〈孟子．告子篇上〉

「喻於義」是以「義」為準則，「人路」就是該走的路。這也是非常淺近，而無深奧的玄味。再看後來又把「義」字解作：

「義者，利之和也。」〈易經．乾文言〉

「義者，宜也。」〈中庸〉

這更使「義」字接近人性人情。我們如果就「義」字的結構來看，是由「羊」

和「我」合成。「羊」代表祥和、美善，即我之和，我之善也。這不正說明了「義」和「自我」的關聯嗎？這個「義」代表個人的整個生命之氣，孟子講不動心，講浩然之氣，都是要「持其志，無暴其氣」、「配義與道」、「集義所生」（〈公孫丑篇上〉）。可見這個「義」乃是「我」的全人格的表現。

③禮：一提到「禮」，使人立刻想到古代的一套禮制，更進一步，認為這套禮制限制了個人的自由，個人的發展。其實這並不是先哲制禮、重禮的本意。孔子說：

「道之以政，齊之以刑，民免而無恥。道之以德，齊之以禮，有恥且格。」（〈為政篇〉）

這裡的「有恥且格」很緊要。「有恥」是使個人知道羞恥，而能維持他做人的尊嚴。「且格」，是使個人能回到他個人應有的格子內，謹守他個人的本分，也即所謂「人格」。說到這裡，使我想到對《大學》「格物」的一個新解，就是萬物都有它們的格子，也是它們的位置，就如框框的格子。而在它們的位置上，各有它們自己的性能和作用。「格物」就是了解萬物各自的格子，而讓它們發揮和發展自己的功能。同樣這裡的「且格」也即使人人回到自我應在的格子中，做他們的本分。這一點更可由孔子和顏回的一段有名的對話中看出：

「顏淵問仁？子曰：『克己復禮為仁。一日克己復禮，天下歸仁焉。為仁由己，而由人乎哉？』顏淵曰：『請問其目？』子曰：『非禮勿視，非禮勿聽，非禮勿言，非禮勿動。』顏淵曰：『回雖不敏，請事斯語矣！』」（〈顏淵篇〉）

近代人看到「克己」兩字，就很緊張，好像是限制了自我的個性、人權似的。其實這個「克」字並不全然解作克服、克制。在《書經》中這個「克」字常作「能夠」解，如〈堯典〉的「允恭克讓，光被四表，格于上下，克明俊德」。而此處的「克己復禮」，可作能使自己回到應有的位置上，做對自己、對別人該做的事。值得注意的，孔子把這個「禮」字和「己」，和「仁」，和「人」都連在一起了。可見禮是行仁，是成就自己的。在齊景公問政時，孔子回答：

「君君、臣臣、父父、子子。」（〈顏淵篇〉）

這就是「禮」，即君在君的格子內，臣在臣的格子內，父在父的格子內，子在子的格子內，各人盡自己的本分，做自己該做的事。這也就是儒家的「自我」，關於中國人觀念中的「自我」。我們常說中國人沒有西方個人主義的「自我」，的確，中國人不強調「自我」的個人觀念，因為我們不是君之臣，便是臣之君；不是父之子，便是子之父，我們在彼此的關係中，盡了自己的責任，以完成自我。

④智：在儒家學說中的這個「知」字，是包括了知識和智慧兩義。這個「知」和「智」，是相同的。如果「知識」是指外在的「知識」的話，在這裡我們暫且不談。至於智慧，如果是佛學來華後，翻般若為智慧，這個智慧太高超了，也不是儒家所說的，那麼這裡的「智」又是什麼呢？我們用孟子的四端說來看：

「惻隱之心，仁之端也。羞惡之心，義之端也。辭讓之心，禮之端也。是非之心，智之端也。」（〈公孫丑篇上〉）

這裡的「智」乃「是非之心」。也就是說人的內心具有一種能夠辨別外在事物是非、善惡、好壞之心，這個心在我所謂心的四層次中就是屬於「心知」的。在孟子這種「心知」是屬於先天具有的「良知」。也就是說，這是作為一個人本具的特質。所以每個人的「自我」，都有這個特質。

孟子在四端中，「智」是最後一端，在前面說了仁、義、禮之端。孟子曾說：「仁、人心也，義、人路也」（〈告子篇上〉）、「禮、門也」（〈萬章篇下〉），那麼「智」就是由心，通過路，出了門，而對外在事物的判斷。歷來學者對孔孟思想的研究，多半過分強調「仁」、「義」、「禮」。而對這個「智」，似乎相對的少注意了一些。其實真正講到處世處事，這個「智」是明燈，非常重要。無「智」，我們不能「己立」，也無法「立人」。無「智」，我們無法「喻於義」。無「智」，我們也不覺「有恥且格」。所以「智」是一個實踐的關鍵。「自我」如果沒有「是非之心」的「智」，便無法建立道德的我。

⑤信：孟子講四端的「仁義禮智」四德，並沒有把「信」列入。因為四端是心的作用，而「信」是外在的徵信與相信。可是這個「信」在孔子和儒家思想中也是非常重要的，所以後儒把它列入而為五德。這個「信」字在《論語》中有段經典的對話：

「子貢問政，子曰：『足食、足兵、民信之矣！』子貢曰：『必不得已而去，於斯三者何先？』曰：『去兵。』子貢曰：『必不得已而去，於斯二者何先？』曰：『去食。自古皆有死，民無信不立。』」（〈顏淵篇〉）

這段話是討論為政，所以這裡「信」是國君對人民的徵信，對人民的誠信。不過這個「信」，對人而言，也是一個非常重要的特質和德行，如孔子說：

「人而無信，不知其可也。大車無輗，小車無軏，其何以行之哉！」（〈為政篇〉）

「信」是人之言，言為心聲，所以「信」就是人內心的一個表徵，是人與人互相信賴的依據。這個「信」字到後來更重視它內在的意義，也就是內心的作用。所以後儒又把它轉化為「誠」字，在《中庸》和《孟子》裡都把這個「誠」字看得很重要，如：

「萬物皆備於我，反身而誠，樂莫大焉。」（〈盡心篇下〉）

「不誠無物。」（〈中庸〉）

「誠者，非自成己而已也，所以成物也。成己，仁也，成物，知也。性之德也，合外內之道也，故時措之宜也。」（〈中庸〉）

所以這個「信」是人的德性，「誠」是人完成自我的特質。沒有誠信，自我便沒有骨格，便無以自立。

⑵ 道家

道家在表面上是不滿意儒家的道德學說，因為在老莊的眼中，道德已成為外在的德目，變成板滯的概念，而失去了活潑的生命，所以他們要「絕仁棄義」（《老子》第十九章）、「忘仁義」（《莊子・大宗師》）。其實《老子》全書就稱為《道德經》，《莊子》有一篇〈德充符〉，豈能沒有道德的特質？因此我們在討論到道家的「道德我」時，重在他們的道德精神，而不在道德的名目：

①知常：這個「常」字在老子書中極為重要，一開端，便說：

「道可道，非常道。」（第一章）

這個「常道」的「常」字因為和「道」連在一起，所以往往被看得太深、太玄了。其實「常」就是自然規律的常態。在「道」是如此，在日常生活也是如此。老子又說：

「夫物芸芸，各復歸其根，歸根曰靜，是謂復命。復命曰常。知常曰明。不知常，妄作凶。知常容、容乃公、公乃王、王乃天、天乃道、道乃久，沒身不殆。」（第十六章）

萬物芸芸，都會回到它們根本的大命，這就是自然的常態。了解這個常態，我們才有自知和知物之明。「自我」生活在萬物變化之中，要能有這種知常之明，我們的「自我」才能順自然而行，活到它應有的年限。道家的「知常」是「自我」的重要知性和德性，這和佛家以「無常」來講「無我」，正好是一個對比，值得玩味。

②知足：「知常」之後，就不會憑己意而亂為，所以不會「妄作凶」。「知常」是對外在的知，就內在來說，就是「知足」。老子說：

「禍莫大於不知足，咎莫大於欲得。故知足之足，常足矣！」（第四十六章）

非常巧的，這裡談「知足」，也歸結到「知常」的「常」字而說「常足」。「知足」對「自我」來說很重要，因為「自我」由於意識中七情六欲的催煽，很容易過度的膨脹。就像我們的胃量，愈吃愈大，愈大吃得愈多，但胃畢竟是肉體的，終有限量。可是人的欲壑是無形的，永遠也填不滿。

這裡的「知足」，並不是說「自我」自己能滿足，而是這個「知足」的「知」，必有它的主體去「知」，這個主體就是心的第三層次的「心知」。前面的「知常」，也是由「心知」而知。所以這個「自我」有一種「心知」，能夠知道任何事情，要「去甚、去奢、去泰（太）」（第二十九章），要能知足常足，知足常樂。

③和光：「和光」兩字來自老子的「和其光，同其塵」（第四章），於是「和

光同塵」一語也變為中國人修養的成語。這裡我把它拆開來，先談「和光」。

「和光」的「光」，是指人的光彩、光芒，是指人因有才能而產生的光輝。這種光輝如果太強烈，便會耀人眼目，使別人張不開眼來。所以要「和光」，即緩和、柔和這種光輝。也就是老子一再說的「光而不燿」（第五十八章）、「被褐懷玉」（第七十章）及「蔽不新成」（第十五章）等道理。

老子並不是要我們沒有才能，沒有光輝，做一個愚夫愚婦，而是要我們「用其光，復歸其明」（第五十二章），就是用了才能之後，能回到「知常」之明，而不執著於自己的才能。回到「自我」來說，每個人的「自我」，都有他的才能，才能大的，如果顯耀自己的才能，便會遭忌，非但不能使自己的才能發揮，反而遭受殺身之禍。所以「和光」對「自我」來說，是保全「自我」，又能發揮「自我」的一種很好的方法。

④同塵：「塵」是指俗塵，即世俗。「同塵」即莊子所謂：

「獨與天地精神往來而不敖倪於萬物，不譴是非，以與世俗處。」（〈天下篇〉）

這裡的「不敖倪於萬物」、「以與世俗處」就是「同塵」的意思。我們把「同塵」與「和光」分開來，是在強調這個「同」字。它有兩種作用，向上「與天地精神往來」、「同於大通」，向下與萬物渾然，而同化。

我們的「自我」不是一個絕緣體，它是宇宙中的一物，也是俗世中的一人。就宇宙中的一物來說，這個「同」，即是莊子的「物化」。就俗世中的一人來說，便要使自己的「自我」不要凸顯自己，看輕別人，而能與別人的「自我」和諧相處，即莊子所謂「德者，成和之修」（〈德充符〉）。

⑤安命：「安命」兩字很容易被當作安於命運的編排，是一種宿命的看法。我們的「自我」生存在世，由生到死，經過了不少的痛苦、煩惱，因此常會有命運的感覺，認為這個「自我」早已命定了的。其實這裡的「安命」，是根據莊子的思想，他說：

「自事其心者，哀樂不易施乎前，知不可奈何而安之若命，德之至也。」（〈人間世〉）

「知不可奈何而安之若命，唯有德者能之。」（〈德充符〉）

這裡都說「知不可奈何」，即指我們的知識無法了解的地方，只有歸之於命。然而我們安於這種命，不是妥協、放棄，反而是一種德，為什麼？莊子接著更詳細的說：

「死生存亡，窮達貧富，賢與不肖，毀譽，飢渴，寒暑，是事之變、命之行也；日夜相代乎前，而知不能規乎其始者也。故不足以滑和，不可入於靈府，使之和豫，通而不失於兑；使日夜無郤，而與物為春，是接而生，時於心者也，是之謂才全。」（〈德充符〉）

這是說對於「死生存亡」等等外界加予「自我」的現象，我們無法了解最後的原因，就是說為什麼有生有死，為什麼有的人壽、有的人夭，因此在我們無法改變這大自然的規律時，只有順它們的自然。記得托爾斯泰小說中有這麼一段故事，當一位修女撿到一隻快死亡的小鳥時，請求神父禱告上帝，不讓小鳥死去，神父即告知修女，上帝也不能為了一聲我的禱告和你的請求，而改變自然的法則。這道理就是莊子認為我們對於不了解原因，也無法加以改變的狀況，不要讓這些事物來擾亂我們的心神。我們要快樂的順其自然。

「安命」的命，除了命運之外，還有「天命」的意思，雖然「天命」兩字為儒家所強調，但道家的天，尤其莊子的「天」是自然大化的意思。因此「自我」的「安命」往深處講，是安於「天命」，安於自然為我們排定的一切，即「復命曰常」（《老子》第十六章）。

(3)禪宗

禪宗比起道家來，更為遠離道德我。因為道德兩字為世法，超越的禪師，顯然對「道德」兩字幾乎閉口不談。本來禪師們都是佛教的僧徒，對於基本的戒律，不應該違背的，當然印度佛教的戒律非常瑣細，有很多只適用於印度當時的社會，未必能完全搬到中國來運用，所以禪師們根本上不談這些戒律。當然他們不會去觸犯那些基本重要的戒律，至於瑣細的小節，但為了明心見性的首務，便不太注意了。至於在表面上，他們有時好像犯了大戒，但對於這些行為我們必須深一層的去理解。譬如南泉斬貓的故事（《景德傳燈錄》），「斬貓」是殺生，豈非犯了大戒，但我個人的理解，這是一個公案，有許多戲劇性的手法，南泉並非真正的「斬貓」，而是象徵性的揮一下手，表示「斬」了貓，斷了執著。至於禪師們的呵佛罵祖，用棒用喝，雖然也犯了罵人打人的戒，但這些也都是象徵的手法，與真正戒律所嚴禁的事實可能不一樣。所以禪師們對於「道德」、「戒律」的態度，是另有詮釋的。

此處我們講理論上的「道德我」，那麼是否中國禪宗，在理論上講，也有「道德我」的精神？也就是說在他們平常的生活上，也有「道德」的行為呢？

①心平行直：慧能在〈無相頌〉上說：

「心平何勞持戒，行直何用修禪。」

儘管後代的禪師們把禪的生活表現得那麼特立獨行，甚至有時似乎標新立異，光怪陸離。但慧能畢竟是中國的六祖，甚至是中國禪的真正建立者，他的這兩句話當然是經典之作，可以當作勘驗的依據。他用「心平」兩字，代替了過分執著持戒的印度佛教。「心平」在佛學上，是沒有分別心，在中國哲學上，就是容易知足的意思，這是道家的修養。「行直」，在佛學上，是「直心是道場」（《維摩詰所說經》），在中國哲學上，是正直的行為，這是儒家的德行。慧能雖然是佛教中人，但他身為中國人，自然吸收了中國文化思想，尤其在這兩句話之後，接著就說「恩養」、說「義」，可見他的「心平」、「行直」就是中國人一般的道德修養和行為。

②恩養父母：慧能接著說：

「恩則親養父母。」（〈無相頌〉）

兒女的孝養父母，在印度的佛學中也是強調的。不過在印度重要的佛教經典中，卻很少提到，因為它們都是在討論佛性空的觀念，既然一切都空的話，那麼家庭倫理也空掉，自然就不談「恩養父母」了。印度佛學轉變成中國佛學之後，由於一方面沿襲了傳統佛學經典，所以也不談孝養。至於中國高僧所寫的論著，也都以佛學為主，所以也不會涉及孝親的問題。事實上，無論一般佛教，和禪宗的出家，他們基本上離了家庭，當然根本談不上孝親。不過中國社會是孝道為根基的，所有的人都離不了孝道，所以不論其他各宗和禪宗對於在家的信徒和聽眾，都會勸他們以孝親為主。這是慧能「恩則孝養父母」這句話的立意。慧能自己是出家人，未必能完全做到「恩養父母」，但他這句話卻說出了作為中國僧侶應有的心聲。這一點，還可以證之於後來太虛大師的「人成即佛成」，而發展到慈航、印順、星雲的人生佛教、人間佛教。總之，他們也都是主張「孝」是「自我」的一個主要德行。

③仁義道中：「仁義」兩字是儒家的重要德行。可是這兩字也出現在禪宗的文獻裡，如慧能說：

「義則上下相憐。」（〈無相頌〉）

仰山回答溈山說：

「仁義道中，與和尚提瓶挈水，亦是本分事。」（《景德傳燈錄》卷九）

所謂「仁義道中」，就是指生活在中國土地上，一切的風俗、習慣都受過儒家仁義思想的洗禮，這不僅一般的俗人和知識分子，都離不了仁義；即使出家人也不能違背仁義之道。「仁」是人的本質，「義」是人的路子。禪師們無論如何超脫，但在僧侶的關係中，仍然必須生活在「仁義道中」。試看大慧宗杲禪師的《禪林寶訓》一書要把儒家的仁義都搬入了叢林，作為他們比戒律還重要的行為典範了。

④自識本心：禪宗的主旨是「明心見性」，慧能主張「識心見性」，其實「識心」和「明心」是一個意思，後人把慧能的「識心」改為「明心」而已。在慧能眼中，我們的心有時不是純淨的，他說：

「心中眾生，所謂邪迷心、誑妄心、不善心、嫉妒心、惡毒心，如是等心，盡是眾心，各須自性自度，是名真度。」（〈懺悔品第六〉）

這些心中的眾生，都是煩惱、迷惑的妄念。我們必須撥開這些妄念，才能認清這個本來的心體，就是「自我」的本心，原來是純淨的、清淨的。在這裡我們講理論的道德的「自我」，也就是從這方面去說明禪宗的這個「自我」，雖然沒有儒家那麼顯明的「道德」色彩，但慧能所指的這個自心的清淨，也即是這個真正「自我」的純淨的本色，也是一種自我的德行。

2.工夫我

這裡的「工夫」，指「自我」的心的提升工夫，當然包括了儒家的修養工夫，在這裡我們不用「方法」兩字，因為方法都指知識的研究和理論的建立。即使「工夫」中也有某些方法的運用，但對「自我」的體證和實用，還是主要在工夫的運用。

(1)儒家

「內聖外王」四字出自《莊子・天下篇》。但今天我們講儒家思想都把它搬過來，成為儒家學說的特色。「外王」的治國平天下，本是重在方法，即治國的方法、平天下的方法，但我們常會說治國平天下的工夫，因為這種「外王」，本自「內聖」，也即治國平天下的方法來自內聖的修養工夫，所以由這個「工夫」一而貫之，都說成「工夫」了。所以整個儒家的工夫，無論是內聖、外王，都重在修己。

①修己以敬：「修己」是修養自己，在《論語》中，談到「修己」的地方太多了，不勝枚舉。我們無法在此一一列出，但我們在此處是要討論「修己」的意義和

工夫。《論語》中有段對話：

「子路問君子，子曰：『修己以敬。』曰：『如斯而已乎？』曰：『修己以安人。』曰：『如斯而已乎？』曰：『修己以安百姓。修己安百姓，堯舜其猶病諸！』。」（〈憲問篇〉）

在這段話中，子路問的是有關君子的行為，孔子答以「修己以敬」。君子在《論語》中是一個談得最多、也最重要的人物。聖人多指聖王，必有其位，其事功，境界很高，非人人可及。仁人是指德性方面的完備，我們可以行仁，但都不能稱為仁人。至於君子，卻是通稱，是一般人都可以做到的，只要有意修德，只要行事守原則，都可稱為君子。在這裡子路問君子，是問如何才能稱得上君子，孔子簡潔的回答：「修己以敬」。就是君子要能「修己」。這個己是「自我」，這個「自我」必須要修己，才能提高「自我」的水準。至於如何修，孔子在這裡提出一個「敬」字，「敬」對內來說，就是以敬存心，是誠意，是自重；對外來說，是敬其事，是以敬待人，是慎重其事。總結一句就是持己以敬，處事以敬。接著子路再問，孔子答以

「安人」、「安百姓」，這是孔子把君子提升到上位的人來說。在這裡，我們暫且不論。回到這個「敬」字的工夫。我們舉一個例子，宋儒程伊川有一次乘船，遇到大風浪，一船的人都驚惶失措，只有伊川非常鎮定，事後大家問他如何能如此，他回答說心中只存一個敬字。可見這種「持敬」的工夫，可以使我們的「自我」能夠在任何環境下，能保持他的「自我」的自重、自尊，和自得。

②忠恕一貫：《論語》中有段重要的對話：

「子曰：『參乎！吾道一以貫之。』曾子曰：『唯。』子出，門人問曰：『何謂也？』曾子曰：『夫子之道，忠恕而已矣！』」（〈里仁篇〉）

孔子特別提醒曾子「吾道一以貫之」，自有用意。而他說的「吾道」的「道」是什麼樣的「道」？曾子並沒有說明，曾子只就「一貫」處來說「忠恕」。如果我們詮釋孔子的「道」是「仁」道，應該不會有太大差距，那麼曾子回答的「忠恕」自是行仁的工夫了。以「忠恕」釋「一貫」，就是由內向外的一貫。對於「忠恕」兩字，宋儒朱熹解得好，他說：

「盡己之謂忠，推己之謂恕。」（《四書集註》）

「盡己」是一種工夫，是盡己之心，盡己之性。也就是反觀內求，去盡量發揮「自我」應具的德性功能。「推己」的恕，還是用孔子自己的解釋「己所不欲，勿施於人」。這種由己到人，能夠去掉自我的私心，能夠打破人與我之間的障蔽，這是一種極緊要的工夫。曾子重禮，易流於外在，孔子便以這種工夫，點醒曾子，要能內外一貫，人我相通。

③慎獨存誠：「誠意」是一個很重要的「自我」的德行修養。如果《大學》一文是曾子所傳的話，那麼「誠意」兩字應該首見於《大學》，此後《中庸》把「誠」字變為全文最關鍵的字，而後孟子、莊子、荀子都對「誠」字有所論見。在《大學》中，由格物、致知，到誠意、正心，可見「誠意」是由外轉向於內心修養的一個轉捩點。對於「誠意」，《大學》已有精闢的見解，它說：

「所謂誠其意者，毋自欺也。如惡惡臭，如好好色，此之謂自謙。故君子必慎其獨也。小人閒居為不善，無所不至，見君子而後厭然。揜其不善，而著其善，人之視己，如見其肺肝然。則何益矣？此謂誠於中、形於外，故君子必慎其獨也。曾子曰：『十目所視，十手所指，其嚴乎！富潤屋、德潤身。心廣體胖，故君子必誠其意。』」（《大學》）

曾子把「誠意」歸結到「慎獨」上，這即是表明「誠意」的工夫是「慎獨」。「獨」是獨自一人的意思，曾子的意思是在我們獨自一人時，沒有別人的監視，我們自我的「私心」最容易放縱，所以這是下工夫的緊要關頭。這個「獨」除了獨自一義，在中國哲學裡還另有深意，如：

「有物混成，先天地生。寂兮寥兮，獨立不改，周行而不殆，可以為天下母。」（《老子》第二十五章）

「九日而後能外生；已外生矣，而後能朝徹；朝徹，而後能見獨，見獨，而後能無古今。」（《莊子》大宗師）

「獨與天地精神往來而不敖倪於萬物，不譴是非，以與世俗處。」（《莊子・天下篇》）

這些話中的「獨」可以指「道」，也可以指「真我」。所以「慎獨」能使我們致誠，致誠而後「自我」能轉化為「真我」。

④樂天知命：《易經・繫辭上傳》說：

「樂天知命，故不憂。」（第四章）

這個「樂」字是中國哲學的一個大特色。無論儒、道、禪三家思想都強調這個「樂」字。這與印度佛學的苦觀在起點上便有不同。在《易經・乾象》中，這個天道是健行不息的，所以「樂天」，即樂天道的健行不息；而知我們「天命」的生生不已。這裡「樂天知命」，合天與命，就是天命。「天命」兩字最早見之於《書經》，主要的意思是指我們的命、德都是天所稟予的，如：

「天命有德。」（〈皋陶謨〉）

「爾亦不知天命不易。」（〈大誥〉）

孔子也說「天生德於予」，因此對天命是非常重視的，而說「五十而知天命」。可是孔子在論語中對「天命」兩字談得不多，接著孟子更大加發揮說：

「盡其心者，知其性也。知其性，則知天矣。存其心，養其性，所以事天也。殀壽不貳，修身以俟之，所以立命也。」（〈盡心篇下〉）

「知天」不是知識上的事，而是從盡心、知性下工夫；「事天」也不是外在的供奉天而已，而是從存心、養性下工夫。「立命」是立自己的「性命」，也是立自己的「天命」。所以「樂天安命」是一種心性修養的工夫。它使「自我」能知道天之所賦，而能奉天命，自強不息。

(2)道家

前面我們曾說「內聖外王」四字來自於《莊子》，因此道家的思想也不能自外於「內聖外王」。尤其《老子》一書多談聖人之治，《莊子》也有〈應帝王〉一篇。

不過道家和儒家不同的是：儒家重「立己」、「立人」；「達己」、「達人」，是重在積極的建立人與人的關係，打通人與人的間隔，而道家則重「自化」、「物化」；「自忘」、「忘物」，重在先把自己虛掉，以達到人與人之間的互不干擾，人與物之間的和諧相處。所以道家的工夫多用在對自己的心身之上：

①虛心弱志：這四字來自於《老子》第三章談「聖人之治」，這本是指聖王如何使人民能夠「虛心」「弱志」。但此處我們所談的乃是對自我的修養，如何能做到「虛心」、「弱志」。

就「自我」的工夫來說，「虛心」，是使自我心中的欲念虛掉而使心有更多空間。「弱志」是使自我的意志不要過強，能給自己有較多空間周旋。能這樣做，在道家並不是有什麼外在的「道德」的使命，而是對天地萬物變化的洞達，如老子說：

> 「致虛極，守靜篤。萬物並作，吾以觀復。夫物芸芸，各復歸其根，歸根曰靜，是謂復命。復命曰常。知常曰明。」（第十六章）

這裡的「致虛極」、「守靜篤」，是一種「自我」的工夫。有這種工夫，一方面能從萬物變化中，看透歸根、歸靜、復命、復常的道理。另一方面，也是使自己能和萬物一起歸根、歸靜、復命、復常。所以「虛心」、「弱志」，並非對自我的一種勉強、一種克制，而是很自然的，走入了萬物變化的常道。

②無為自然：「無為」、「自然」兩詞好像是老子思想的招牌。我們一提到老子，就會想到這兩詞。而且我們對這兩詞的解釋，歸納《老子》書中的敘述，及後代注家的解釋，大致說來，也所差不遠。譬如「無為」是無欲，是無目的而為。在政治上，是不干涉人民，讓他們自化。「自然」，是萬物變化的自己如此，沒有人為的參與。可是真正要達到「無為自然」，卻不是一種觀念、一種方法，而是一種工夫。

「無為」的境界，固然一方面是由前面「虛心」、「弱志」之後，才能體現。而它真正的工夫，卻在

「生而不有、為而不恃，功成而弗居。」（第二章）

這也就是說在能「生」、能「為」、能「成」之後，而「不有」、「不恃」、

「弗居」才是真正的「無為」。這是一種極深的工夫。至於「自然」不是物理界的自然，也不是不努力的自然，老子說：

「人法地、地法天、天法道、道法自然。」（第二十五章）

可見這個「自然」是「道」的境界，不能體道，就無法得自然。我們一般人學老子思想，把「自然」放在嘴上，談來很容易，殊不知那是工夫到深處的一種表現。黃檗禪師說：

「不是一番寒徹骨，爭得梅花撲鼻香。」〈上堂開示頌〉

梅花撲鼻之香，這是多自然之事，可是卻來自於寒徹骨的工夫。所以我們此處講「無為自然」，不只是講一個理論，而是強調「自我」提升，與萬物共化的一種工夫。

③心齋坐忘：「心齋坐忘」在《莊子》書中有兩段不同的對話，一是「心齋」：

「（顏回）曰：『敢問心齋？』仲尼曰：『若一志，無聽之於耳，而聽之以心。無聽之以心，而聽之以氣。聽止於耳，心止於符。氣也者，虛而待物者也。唯道集虛，虛者，心齋也。』」（〈人間世〉）

一是「坐忘」：

「（顏回）曰：『回坐忘矣！』仲尼蹴然曰：『何謂坐忘？』顏回曰：『墮肢體，黜聰明，離形去知，同於大通，此謂坐忘。』仲尼曰：『同則無好也，化則無常也，而果其賢乎！丘也請從而後也。』」（〈大宗師〉）

這兩段話聽起來好像是打坐或禪定。但莊子之說，遠在佛教傳入中國以前，雖相似，未必相同。「心齋」重一個「虛」字，「坐忘」重一個「忘」字。這個「虛」字，我們在前一節「虛心弱志」一點上已談過，那是以老子思想為主，重在以知的工夫去做到「虛心弱志」（第三章），如老子的「絕聖棄知」（第十九章），而此處著重在「心」本身的工夫，去使心虛、心忘。但在這裡，值得我們注意的是，

「虛」的工夫在「氣」上，能「虛」而待物。「忘」的工夫，在「同」上，能「同於大通」。也就是說在「心齋」、「坐忘」之後，我們的精神能與天地萬物同化。

④物我同化：承接前面「心齋坐忘」後的境界，就是一個物我同化的境界。在莊子思想中有兩個最重要的字，就是「忘」和「化」。好像是火箭，它把衛星送到太空後，突然自廢武功，這是「忘」。衛星被送入太空後，能遊走於宇宙，這是「化」。在莊子認為天地之間只是一氣的變化，這是所謂自然的大化。在天地之間的萬物都是這個大化中的一點一滴。人也是萬物中的一物，萬物的變化都是一個接著一個的「以不同形相禪」，都是在等待著死後，變成其他物形。這叫做物化。莊子曾描寫說：

> 「昔者莊周夢為胡蝶，栩栩然胡蝶也。自喻適志與，不知周也。俄然覺，則蘧蘧然周也。不知周之夢為胡蝶與？胡蝶之夢為周與？周與胡蝶，則必有分矣！此之謂物化。」（〈齊物論〉）

「夢」也許就是我們的一生，「夢醒」也許就是我們死後的再生。但我們一般的「夢醒」，還有意識去知道是夢是醒。可是我們死後變成其他物體，我們便失去了知覺，而有所不知了，這是我們的恐懼，我們的自感悲哀。但莊子的思想就是要我們現在就夢醒，趁現在還有知覺的時候，跳脫執著這個暫時的形軀，把自己提升到大化的境界中，看看我們只是那大化中的一點一滴而已。這時我們的心境便能與萬物同化。這種境界，我們用理智的分析，只是理論，仍然隔了一層，只有用心的修養工夫，才能使我們突破形體的區隔，進入物我相融的化境，能和莊子共唱「天地與我並生，萬物與我為一」（〈齊物論〉）了。

⑶禪宗

禪宗是標榜「無門為法門」的。「無門」的門在理論的研究上是方法，在佛學的修持上是路子。禪宗既然唱「無門」，自無方法和路子可循。但對於應付這個「自我」，仍然自有其工夫。「工夫」和方法與路子的不同，乃是由於「工夫」著重在自心的修養，生命的提升。

①本來無一物：六祖慧能最膾炙人口的一首詩，

「菩提本無樹，明鏡亦非台；本來無一物，何處惹塵埃。」（《六祖壇經》）

其中最重要的一句是「本來無一物」，這句話如照一般佛學的看法，自然是指諸法皆空的意思。因為外物都是四大聚合，因緣而生。所以沒有自性、自體。可是禪宗的思想雖承自印度佛學，但卻受中國思想的灌溉，在中國的文化中成長，所以他們雖然講空，卻空中妙有。試看後來的禪宗大師們，對外界諸法的空相並沒有強調，甚至還有不同的看法。如慧忠禪師所言：

「青青翠竹盡是法身，鬱鬱黃花莫非般若。」

翠竹黃花都是諸法，卻並非空相，也不是「無一物」。所以慧能這話顯然另有深意。「本來無一物」的「本來」兩字，並不一定當作時間上的從始以來，而可解為在心地本原上。也就是說，這句話不是講外在客觀的事物，而是指在心地的工夫上。禪宗的「即心是佛」，原是重心地的工夫。慧能從《金剛經》「應無所住而生其心」而悟入，即已進入了心地的工夫。這種心地工夫上的「無一物」，即慧能自揭禪宗的主旨：

「先立無念為宗，無相為體，無住的本。」〈定慧品第四〉

也即後來無門和尚的：

「春有百花秋有月，夏有涼風冬有雪；若無閒事掛心頭，便是人間好時節。」（〈無門關〉）

這種「無閒事掛心頭」，也即是「本來無一物」的工夫了。

②本來面目：這「本來面目」一語，最早是由慧能所用，後來即成為禪宗頓悟的重要術語。這句話來自慧能離開五祖弘忍後，第一次講法，第一次傳授弟子時所用，這故事是：

「惠明作禮云：『望行者為我說法。』惠能云：『汝即為法而來，可屏息諸緣，勿生一念。吾為汝說明。』良久，惠能曰：『不思善、不思惡，正與麼時，那個是明上座本來面目？』惠明言下大悟。」（《壇經．自序品第一》）

這裡的「本來」和前面「本來無一物」正好對應。在我們的心中無一物念之後，才能見到自己的真正面目。這個「面目」是每個人的「自我」，在這裡可見慧能對「自我」的重視，由這個「面目」，更說明了禪宗「識心見性」的見自性，是非常個人的、特殊的，禪宗的頓悟就是參本來面目的工夫，也即證驗真正「自我」的工夫。

③平常心是道：慧能的「本來無一物」、「本來面目」的工夫並不是極為玄妙、神祕的。所以到了後來的禪師，便開展出「平常心是道」的思想。馬祖禪師曾說：

「道不用修，但莫污染。但有生死心，造作趣向，皆是污染。若欲直會其道，平常心是道，謂平常心無造作，無是非，無取捨，無斷常，無凡無聖，經云：『非凡夫行，非賢聖行，是菩薩行。』只如今行住坐臥，應機接物盡是道。」

（《景德傳燈錄》卷二十八）

這個「平常心」雖然也是心地的工夫，但與前兩者不同的是：前兩者都是向內心去做，譬如很多後來的禪師常在禪定中去參「本來面目」。可是這裡的平常心卻變成禪宗把工夫和日常生活打成一片的一個特色。如：「茶來喝茶，飯來吃飯」，「挑水擔柴，莫非是道」。以至趙州禪師把「飲茶去」，「吃粥也未」作為他接引僧徒的門風。不過「平常心」說起來簡單，做起來必須有甚深的工夫。使我們用真正的「自我」去面對紛紜複雜的日常生活，同時在那煩惱不斷的日常生活中去體現真正「自我」的本色。

④不在明白裡：這句話來自趙州禪師，在前面「揀擇的我」時，我們曾引用過。那是指意識中的「自我」，常是揀擇的主體，是一切分別心的發動者。在這裡我們重提這句話是從工夫著眼。理論上所謂「不在明白裡」，在中國哲學方面也講得很多，如：

「我愚人之心也哉，沌沌兮，俗人昭昭，我獨昏昏，俗人察察，我獨悶悶。」（《老子》第二十章）

「聞以有知知者矣，未聞以無知知者也。」（《莊子．人間世》）

至於佛學上也講得很多，如僧肇的〈般若無知論〉，維摩詰的〈入不二法門〉。然而這些都是理論。只有趙州的「老僧不在明白裡」，卻活生生的表現出一種很容易、卻又極不簡單的工夫。

表面上，「不在明白裡」，好像很簡單，糊塗一點吧！可是鄭板橋的「難得糊塗」，卻說明糊塗也真難得。因為我們人都自認為不糊塗，可是卻真糊塗。我們都不肯「不在明白裡」，卻偏偏都生活在不明不白裡。生死、是非、好壞、真假、禍福，有那一件我們能分得清楚。可是卻一直在那裡分別，而振振有辭的自以為知。趙州的這一句「不在明白裡」，是明白，還是不明白？只有下工夫的人，才能體證，這就是工夫。

第三章
真我

這裡用「真我」一詞是不得已的，只是為了在我設立的中國整體生命哲學的三角形中，相對於「用」的存在的「我」，和「理」的理論的「我」，而說這個在「道」的層次上的真正的「我」。在這個「道」的層次上，還有很多相關的術語，如佛性、真如、聖人、至人、真人、天人、自性、本性、真心，或大我等等。但這些名詞都各有理境，也各有其相對於在「理」、在「用」上的名詞。所以我們在相對於「存在我」、「理論我」上，而說「真我」。雖然這個「真我」也很不好用，難道這個「存在我」，就不真了嗎？所以這個「真我」也是方便說法的名詞，而且今天在西方心理學已被運用，因此也就隨俗而說法了。

在「道」的層次上的「道」，究竟是什麼？《老子》一開章便說「道可道非常道」，而在《道德經》全書中，對於「道」的本質，都是「惟恍惟惚」、「不可致詰」，也就是避而不談。其實他所談到的，都是「道」的作用與運用。這在《老子》第一章中便提出，一個是「無」，一個是「有」。「無」是就本體來說，「有」是就生化、發展來說，現在我們就以「無」和「有」來討論在這一層次上「真我」的意義！

1. 無

「無」並不是沒有，等於零。而是說我們無法用觀念、語言去分析它、去描述它。那麼，是否它仍然是「有」，有「存在」呢？這就很難說，因為這是超出了我們意識之外的，老子也只能說「似萬物之宗」、「似或存」（第四章）。因此我們這個「無」字也還不是用在本體上，而是就作用上，來說這個「無」的作用。也就是「真我」表現在「無」的作用上。

⑴儒家

儒家思想中不講「真我」一詞，但它推崇的聖人、仁人的理想人物，在「道」的層次上，都可看作和「真我」相似，聖人的「博施於民而能濟眾」不正體合了道的生養萬物？仁人的發揮了人的最高德性，豈不是「真我」的至高表現嗎？所以聖人、仁人可以看作「真我」的境界。不過儒家都以積極的求道、立德為主，而少用消極的「無」的方法。即使用了一些，也都是為了要轉變「小我」的私心、愛己為「大我」。雖然「大我」一詞也是後人添加的，原始的儒家也沒有用到這一詞，但「為公」、「為天下」的儒家思想，的確是強調「大我」的。今天西方的心理學上也講「大我」（big self），但心理學上的「大我」，在儒家來說，仍然是「小我」，只是沒有病態的小我而已。儒家的「人我」不在自我之內，而是以天下為「大」的。

①無私為公：「無私」是無私心，不為己。「為公」是為國、為天下。《禮運》上說：

「大道之行也，天下為公……貨惡其棄於地也，不必藏於己；力惡其不出於身

也，不必為己。」（〈大同篇〉）

「藏於己」、「為己」是「自我」的私心，這在「存在我」的層次上，本是無可厚非的。因為這是求生存應有的本能。可是當我們的社會愈發展，人我的關係愈複雜時，我的生存與別人的生存便會產生摩擦，有時不免衝突。雖然聖哲們設立了禮和法來規範，但「法」不能使人「有恥且格」，「禮」有時變得形式化，變成只重「鐘鼓」、「玉帛」。因此歸根究柢，還是從人的德行上著手。人的德行，在儒家的德目中有很多，但有個最基本的德行，就是先去掉「私心」。但這並不是說人沒有私心，這是絕對不可能的，而是把個人的私心加以轉化，使它也附和別人的私心。這即是：

「故人不獨親其親，不獨子其子。使老有所終，壯有所用，幼有所長，矜寡孤獨廢疾者，皆有所養。」（《禮運．大同篇》）

這就是說把自己的「私心」推出去，想到別人的「私心」，這正是孔子說的「己欲立，而立人；己欲達，而達人」。這就是仁。也是從無私心的自我去完成「自我」的最高表現。

②殺身成仁：「仁」有愛的意思，這裡把「殺身」和「成仁」合在一起，似乎有點不稱。我們先看原文：

「志士仁人，無求生以害仁，有殺身以成仁。」（《論語‧衛靈公篇》）

這裡的「殺身」是譬喻的說法，並非鼓勵別人殘害自己的生命，而是對自我做最大的犧牲，即使犧牲生命也在所不惜。這是為了「成仁」。這裡的「成仁」有兩種意思。一是成就自己。因為「仁」是做人的標準，是全人格的表現。有時犧牲自己，是為了不違背做人的原則，這也是必需的。當然，這種「殺身」與「成仁」截然對立的例子並不太多，如將士臨陣的捐軀。船長在遇難時先讓乘客逃生等。所以這種「殺身成仁」也是職責所在，別無選擇。另一意思，「成仁」是成就一個大我的「仁」的目標，即犧牲小我而成就大我的意思。當然前面所述的那種「仁」，也許不是一般人所能做到的，孔子才以「志士仁人」為主題。因為他們所要達到的是

「道」的層次上的「真我」，也即是「仁人」。所以「殺身」也即是通過了無我而完成真我。

③虛心好學：這個「虛」字在道家是虛掉欲望，而在儒家是虛掉自以為知，即前面論偏執的我時所引「毋臆、毋必、毋故、毋我」的意思。孔子強調三達德的「知、仁、勇」，所以自我發展到最高階段，除了仁、勇外，還有知。也就是說聖人、仁人必須是有睿智的人。可是什麼是知的最高極境呢？孔子沒有標明，只說了個「好學近乎知」（《中庸》）。因為「知」是無止境的，只有好學才能永遠的追求無限的知。《論語》中，曾子曾說：

> 「以能問於不能，以多問於寡，有若無、實若虛，犯而不校，昔者吾友，嘗從事於斯矣！」（〈泰伯篇〉）

曾子口中的「吾友」，據研究是指顏回。因為顏回是好學不倦，修德不息的。這裡的「虛」正指出「虛心好學」的境界。孔子也曾自喻說：

「吾有知乎哉！無知也。有鄙夫問於我，空空如也。我扣其兩端而竭焉。」（〈子罕篇〉）

這裡雖然也是說明孔子的教學方法，但卻顯示了孔子的不自以為知。孔子雖然推崇聖人、仁人，但絕沒有自以為是聖人、仁人。這才是真正由「無」或「無知」而追求聖人、仁人之道。

(2)道家

道家善用這個「無」，老子說：「常無，欲以觀其妙」（第一章），可見這個「無」字是有妙用的。「無」不是沒有，而是生有的空間。就「道」來說，它的最大作用就是給萬物以生長、發展的空間，所以《老子》書中常以「谷」為喻。而進入「道」層次的「真我」，不僅給自己以提升的空間，也給萬物以發展的空間，這一空間就是「無」，給予「空間」，就是「用無」。

儒家思想中少談真字，更沒有論真人。只有道家思想中提出這個「真」字。《老子》書中雖然只有一個真字，如：

「窈兮冥兮，其中有精，其精甚真，其中有信。」（第二十一章）

顯然這個「真」字是描寫「道」的，有真實、真性的意思。至於《莊子》一書，更大談「真」字，如「真偽」（〈齊物論〉）、「其德甚真」（〈應帝王〉）、「真宰」、「真君」（〈齊物論〉），以及「真人」（〈大宗師〉）。莊子是第一個用「真人」一詞，這也是他的專用語。此後道教都視「真人」為「神仙」之流，直至禪宗的馬祖也用過「真人」一詞。總之，莊子的「真人」也就是此處我們所談的「真我」。

①無為道人：這標題是來自於《永嘉證道歌》的第一句「絕學無為閒道人」，雖然永嘉是禪師，但這一句話卻是百分之百道家的思想，「絕學」來自老子「絕學無憂」（第二十章），「無為」當然是老子的中心思想，「閒」字也是道家的用語，「道人」不用說是道家的理想人物，相當於至人、真人之流。在這裡，我們不談永嘉本身在南方，融有道家的思想，也不談禪宗根本上受老莊思想的影響。我們只用「無為道人」一語來說明這個「真我」的無為境界。

「無為」兩字，我們在「理論我」的工夫一節上曾談到道家的「無為自然」的工夫。此處我們講「無為道人」是就「真我」來談它的境界。事實上，在中國哲學上，工夫和境界，不僅相通、相接，而且是相疊、相同的，因為工夫就是境界，境界在工夫中。在「工夫」上講「無為」，也許我們強調「寡欲」、「無以為」，而讓外物自化。但在這「真我」的境界上講「無為」，根本連「無為」的方法也不用，連「無為」的念頭也沒有。這是在「無為」工夫成就之後，而達到的「逍遙無為」的境界。

②上德不德：「上德」是指「真我」的德性，是至高的，所以用「上」來稱呼它。「不德」並不是沒有德，而是指不執著德名，不自以為有德，老子說：

「上德不德，是以有德；下德不失德，是以無德。上德無為而無以為，下德為之而有以為。」（第三十八章）

這裡把德分為「上德」和「下德」。「下德」從該章下文所指乃是仁、義、禮等，雖然仁義禮三者已有上下的不同差別，而該章講仁，以「上仁」來譬喻，講義，以「上義」來譬喻，可見同一個「仁」和「義」之德，也還有不同的差別，所以即使這些下德的德目，人們實踐起來，也有不同的層次，也是非常複雜的。不過針對下德而講上德，那麼「上德」的「不德」是不以下德的這些道德為德。這樣一來，「上德」的「不德」，可能有以下五種意義：

- 不以儒家或一般的「道德」為德，即另有所重；
- 自外於這些道德行為；
- 在世俗生活不離這些道德，他們也有這些道德行為，但行了以後，卻能超脫；
- 心中沒有德念；
- 活在道中。

這五者也可連在一起，層層的向上提升，而超脫，所以「不德」實是最後「真我」的沒有德念，「道者同於道」（《老子二十三章》）的境界。

③無名、無功，與無己：這三點是來自《莊子》中

「至人無己、神人無功、聖人無名。」（〈逍遙遊〉）

所謂「聖人無名」是指堯雖有聖王的名譽，但卻不以為意，而要把帝位讓給隱士許由。「神人無功」是指藐姑射山上的神人遊乎四海之外，而無心於萬物之化。「至人無己」是指至人不以自己為有用，逍遙乎無何有之鄉，徬徨乎無為其側。這裡的三種人都是莊子推崇的最高境界的人物，也就是我們所探討的「真我」。而這個「真我」之所以為「真我」，並不在乎他有多美的人格，多大的功德，與多高的名聲，相反的卻是「無己」、「無功」，與「無名」。

④真人之忘：莊子在〈大宗師〉一文中寫了好幾段有關「真人」的修養工夫。其中很多方面，我們無法在這裡詳述，只提出一個「忘」字，如：

「受而喜之，忘而復之，是之謂不以心捐道，不以人助天。」

「泉涸，魚相與處於陸，相呴以濕，相濡以沫，不如相忘於江湖。與其譽堯而非桀也，不如兩忘而化其道。」

這即是「忘生死」、「忘是非」。因為能「忘生死」，真人才能超脫「生死」；能「忘是非」才能成就其為「真」。

(3)禪宗

印度佛學講「空」，雖重「佛性」、「真如」，但兩者皆空。雖講「無明」、「四諦」、「十二因緣」，但一切法皆空。中哲的道家講「無」，禪宗受道家影響，也講「無」，但「無中生有」，「空中妙有」。所以禪宗講自性真空，它的工夫皆在於一個「無」字的運用。

①廓然無聖：這句話來自禪宗的第一個公案。達摩和梁武帝的對話：

「梁武帝問達摩大師，『如何是聖諦第一義？』，摩云：『廓然無聖。』帝曰：『對朕者誰？』摩云：『不識。』」（《碧巖錄》第一則）

如果這段公案是以真實故事為背景的話，那麼，達摩的「廓然無聖」就是吹響了禪宗思想的第一聲號角。問「聖諦第一義」，就是問最高的真理，或形而上的道，這是當時學術界最熱門的話題，而達摩卻一句話便把這個話題劈開了。「廓然」相似於莊子的「芴漠無形」。「無聖」相當於老子的「絕聖」。而這一個關鍵的「無」

字來自於老莊，卻被達摩運用得像一把雙鋒的利刃，一面切斷對上「聖諦」的執著，另一面又切斷向下「自我」的執著。達摩的那一聲「無聖」，那一聲「不識」，震撼了中國的佛學界。「無聖」使我們從「佛性」的迷思中，轉回到自己。「不識」，使我們脫離「我相」，而返回真正的「自我」。

②不著佛求：佛教和佛學的最高境界是佛和佛性。一般佛教信徒所追求的，也是學佛或成佛。可是自從達摩用「廓然無聖」斬斷了我們對向上一截的攀援後，到了慧能逐漸把佛性轉成自性。此後的禪宗由於對自性的自信，便逐漸的避開了佛，甚至還故意的呵佛、罵佛，以至於焚燒佛像，如丹霞在燒佛像以取暖之後，還振振有辭的說：

「你解底物，豈有佛可成，佛之一字永不喜聞，阿你自看善巧方便，慈悲喜捨不從外得，不著方寸。善巧是文殊，方便是普賢，你更擬趁逐什麼物？」（《景德傳燈錄》）

佛教或佛學在釋迦牟尼當時，還沒有那麼的宗教化，釋迦也沒有自稱為佛，可是到了後來宗教的色彩加深，佛的神通也愈來愈大，幾百年來，佛便成為一個金箍咒，套在我們的頭上，使我們看不見真正的佛，也認不清真正的自己。如洛甫安曾禪師所謂：

「一片白雲橫谷口，幾多飛鳥盡迷巢。」

這片白雲就是佛的形象，佛的概念，以及成佛歷程的漫長至數十世。所以這樣的「佛」相如果不打掉，真正的自性或真我便永遠被埋掉，不能出頭了。

③無心是道：禪宗自達摩祖師開始到四祖道信，都著重這個「心」，而唱「即心是佛」，這句話也成為此後禪宗的重要標誌。可是道信的弟子牛頭法融，在道信的傳法弟子五祖弘忍之外，另闢了一個系統，成為牛頭宗，他把老莊的「無」字搬入了禪宗的思想裡，也和達摩的「無聖」相呼應，他說：

「欲得心淨，無心用功。縱橫無照，最為微妙。」（〈心銘〉）

「後念不生，前念自絕。三世無物，無心無佛。」（〈心銘〉）

「意無心滅，心無行絕。不用證空，自然明徹。」（〈心銘〉）

「安心無處，無處安心。虛明自露，寂靜不生。」（〈心銘〉）

於是在「即心」之外，又開出了「無心」的工夫。在慧能的《壇經》中，都就「即心是佛」立論。「無心」兩字只用過一次，即

「問曰：『正法眼藏，傳付何人？』師（六祖）曰：『有道者得，無心者通』。」（〈付囑品第十〉）

「六祖壇經」本為慧能的一次講法，包括第一品到第六品。自第七品之後，顯然是僧徒的記錄，編纂而成。這句話出現在最後一品，當然是出自僧徒之手。即使是慧能的話，但也只講了一次，並非重點。可是此後到了黃檗手中，「無心是道」便與「即心是佛」並列。甚至還更重要，而成為禪宗證道的法門。在這裡「無心」兩字是對「即心」兩字的一種詮釋，也是一種具體的工夫。因為如何「即心」容易偏於玄虛，或誤用了「心」字。「無心」很清楚的是去「無」掉那個意識心、執著

心、分別心。「無心」之後才能現真心，也即是真我。

④無明實性：「無明」兩字是傳統佛學中所有痛苦煩惱的製造者，在十二因緣中，它是第一個起點。由它的產生，使人在生死輪迴中輾轉。這個「無明」之不易破除，是因為它乃過去世所造成的「業」，而種在母體裡的胚胎中，就像遺傳因子一樣，所以當我們成長後，想除去這個「無明」的煩惱之因，幾乎束手無策，因此只有在生死煩惱之海中浮沉。雖然說今生的修行，可以使我們創造了善業，但過去的業，和今生的業，善惡不能抵銷，過去業仍然繼續，無明仍然在緣起。即使今生創造了善業，善業也是業，仍然使我們在生死輪迴中輾轉。所以要斬斷輪迴，脫離生死，今生無法實現，可能要寄託到好幾世了。人生那得不苦，雖然在《心經》中曾說：

「無無明，亦無無明盡。」

但《心經》是以「五蘊皆空」立論，去說「無明」之空，仍然跳不出印度大乘佛學拿「空」來不解而解之。至於中國的禪宗卻不然，他們是根本正面的去把「無明」化掉，如〈永遠證道歌〉所說：

「無明實性即佛性。」

雖然在佛學中，實性是空的，佛性是空的，仍然可以用一個「空」字去一空到底。但中國禪宗實性也即自性。而自性是本來清淨的，而不是空的。禪宗不談「無明」，也不講「業」，在根本上，是從人性中把這個「無明」挖掉，使我們從生下來便是清清淨淨的，所以煩惱是後天的製造，不製造便無煩惱，無煩惱就是菩提，就是快快樂樂的自性真我。

2.有

「有」是和「無」有所待的，而且是相生的。在前面講的「無」中，其實已寓於「有」了。因為「無」不是沒有或零。用了「無」字已表明了其中已有「有」的存在。不過從「無」去成就「真我」，是由逆轉而生的。此處的「有」乃是從正面去成就「真我」。

⑴儒家

①民胞物與：孔子的思想以「仁」為中心。給予這個「自我」以天賦的德性。「仁」是人道，是一貫之道，是「己立立人，己達達人」，把自我向外推擴而及於他人，也就是把小我轉化為人群的大我。到了後來的宋明理學家更把這個一己的「仁」，推擴到天地萬物，變成了宇宙的大我，如王陽明說：

> 「夫人之能以天地萬物為一體也，非意之也，其心之仁，本若是也。」（〈大學問〉）

這是對一己之仁的擴大。事實上，比王陽明較早的宋儒張載在他的〈西銘〉一文中，已把這個「自我」，看作與天地萬物一體的「大我」，如：

「乾稱父，坤稱母，予茲藐焉，乃混然中處，故天地之塞，吾其體、天地之帥，吾其性，民吾同胞，物吾與也。」

這是把天地當作「我」的父母，天地賦予「我」的體，「我」的性。「我」與所有的人都是兄弟，與所有的物都是同類。這就是儒家把「自己」的這個「小我」，擴大到與天地合一的「大我」。這不是出於想像，而是在「仁心」的體證和實踐上，自能達到如此的境界。

②先憂後樂：宋儒范仲淹曾有名言：

「先天下之憂而憂，後天下之樂而樂。」（〈岳陽樓記〉）

先說這個「憂」字，並非個人的憂愁煩惱。在《易經》的〈繫辭傳〉中早已提出這個「憂」字，如

「作易者其有憂患乎？」

這是說《易經》的作者，在他寫這本書的時候，是有一種憂患的意識。傳說《易經》的作者是文王，文王被囚於羑里時，在牢中七年而演釋了六十四卦的爻辭。他當時的心情不是為了一己的痛苦，而是憂患商紂的無道，人民的災難。所以《易經》的每一卦都為了人民解決問題。這種為人的「憂患」心情，便成為中國哲人的一個最基本的意識，孟子說：

「君子有終生之憂，而無一朝之患。」（《孟子．離婁篇》）

「生於憂患，而死於安樂。」（《孟子．告子篇下》）

這都是說明君子終生都憂患人民的疾苦，而有這種憂患的意識，這個國家人民才能復興，才能發展。范仲淹繼承了這種思想，才表達出「先憂後樂」的抱負。「先憂」是先人民的憂而憂，也就是說在人民還不知道該憂患的時候，哲人們先知先覺，而替人民先設想。至於快樂的事情，先讓人民快樂，自己才感覺快樂，也就是說以人民的快樂為快樂。這也就是說「先憂後樂」是把一己的「憂樂」放在一邊，而把人民的「憂樂」變為自己的「憂樂」，這也是把一己的「自我意識」，化為「大我」

的意識。

③三大不朽：釋迦牟尼所以要走出王宮，到深山中去修行，就是為了「自我」的生命有限，希望能求永生。佛學四諦的「苦」也就苦在我們不能控制自己生命的長短。中國道教的辛苦修鍊，也就是為了這個一己短暫的生命能夠長生不老。前兩者雖然在某一方面，都各有所成，但起因都為了「一己」的「自我」。至於儒家卻先把「自我」轉掉，而強調我們在世間可以看得到的「不朽」，就是他們所推崇的三不朽：「立德」、「立功」，和「立言」。

「立德」是指在道德上有所建樹，而成為後世的楷模。如關公講義、吳鳳重愛，都為後人所尊敬，立廟紀念，以傳永世。「立功」是指在功業上有所成就，造福人群，如夏禹的治水，疏導黃河，灌溉農田，利益了不知多少蒼生，所以後人也把夏禹當作神來立廟紀念。「立言」是指在言論上有偉大的發明，為後人建立了行為的軌範，使得社會安寧，文化得以發揚。如孔子的宣揚仁道，為中國思想的主流，中國文化的象徵。中國人尊他為至聖先師，為他立廟紀念。這些人物都因為他們的「立德」、「立功」，和「立言」，而成為精神的不朽。

這三大「不朽」，不只是某些特殊人物如前述的幾位偉人，使他們本身的「自我」變成神人。而是這種「不朽」的功業成為中國人精神的支柱，使每個中國人都因這種精神的感染，而能立身於此。譬如我們中國有一個窮到不能再窮、無知到不識字的武訓，卻能由乞討儲錢而興辦學校，成為中國人人皆知的「武訓興學」的故事，他的行為也能永垂不朽。

④生生不已：「生生不已」的思想是來自《易經．繫辭》所謂的「生生之謂易」。這裡的第一個「生」是指天地之道的創生萬物。第二個「生」是指人在天地間，能助成天地的變化，而使這個「生」繼續發展下去。這是「人」的功用，也是「人」的責任。我們的這個「自我」，本是「人」之中的一分子，所以我們也具有這種功用、這種責任。

在乾卦的〈象辭〉上說：

「天行健，君子以自強不息。」（〈象辭．乾文言〉）

天行健是天道的生生不息。這本是自然的現象。但儒家卻由這個自然的「生生不息」的現象中，來提升「自我」，要以「自強不息」的精神，去使這個「自我」，不為一己之私所蒙蔽、不為一時情緒所操縱，而能開放自己，體承天道的行健，而自強不息。在「自我」之能助成天道之化育的同時，人能與天道合一。人道也就成了天道。不是嗎？孔子不正說過：

「人能弘道，非道弘人。」（〈衛靈公篇〉）

所以人之弘道到那裡，就是道在那裡。人之自強不息就是天道的生生不已。

(2)道家

①上善若水：老子說

「上善若水，水善利萬物而不爭，處眾人之所惡，故幾於道。」（第八章）

「上善」是指最高境界的善，也即老子在第三十八章中所說的「上德」，也是指上善、上德之人。當然就是指道人，或我們此處講的「真我」。老子以現象界的「水」來表達三個特質，就是「利萬物」、「不爭」，和「處眾人之所惡」。

「利萬物」說明這個最高境界的「人」或「我」，不是孤零零的一個「存在」，和外界沒有任何關係。老子用「善」和「德」來詮釋，就是說明這個「人」，和「我」是有利於萬物的，也就是在天地的生化中，具有他的功能和作用。「不爭」即是說明他不傷萬物以自利，而是與萬物和諧共存的。「處眾人之所惡」，是指他不是高高在上的支配萬物，控制萬物，而是處最低的地方，不受人注意，默默的貢獻。

②聖人之心：在《老子》書中，提到「聖人」兩字有二十七次之多。可見「聖人」是老子思想最高境界的人，但老子的「聖人」與孔子的「聖人」有許多不同的理境與方法。在這裡不便一一列舉。僅以第四十九章論「聖人之心」為例：

「聖人無常心，以百姓心為心。善者吾善之，不善者吾亦善之，德善。信者吾信之，不信者吾亦信之，德信。聖人在天下，歙歙焉為天下渾其心，百姓皆注其耳目，聖人皆孩之。」

在此處我們把「聖人」喻為「真我」。「真我」無常心，即是沒有他自己的成見，以天下萬物之心為心，即是與天下萬物渾然一心。

③至人之性：在《莊子》書中，「至人」是指至性之人，也即是純然至性，不摻人為。在齊物論中有段論至人的話：

「至人神矣！大澤焚而不能熱，河漢沍而不能寒，疾雷破山，風振海而不能驚。若然者，乘雲氣，騎日月，而遊乎四海之外。死生無變於己，而況利害之端乎！」

「大澤焚」、「河漢沍」、「雷破山」、「風振海」，這些都是外在的激烈變化。對於人的身體來說，會構成災難。可是這些都動搖不了至人，因為至人是至性之人。就至性或自性來說，是超脫於物質存在之上的。

④神人之功：《莊子‧逍遙遊》中描寫神人說：

「藐姑射之山，有神人居焉，肌膚若冰雪，淖約若處子。不食五穀，吸風飲露。

乘雲氣，御飛龍，而遊乎四海之外。其神凝，使物不疵癘，而年穀熟。」

這段話中，對神人的描寫是文學的手法，重點乃在「神凝」兩字，是指精神內聚，凝固而不洩，就同佛學上所說的「無漏」。那麼「自我」的精神內凝，與外物的不疵癘有什麼關係呢？這裡就可以看出莊子思想的精神，是認為宇宙的大化，是萬物各自在它們的位置上，發揮它們自己的功能，山高水低，花紅柳綠，各自生長，干卿底事。所以神人的「神凝」，其實就是保持內心的和諧。唯有內心和諧，才不致傷害外物，影響別人，而造成不和。

⑤真人之知：在《莊子》書中，雖然至人、神人和真人是同一最高境界的人，但莊子對真人著筆較多，在〈大宗師〉一文中便寫了好幾段對「真人」的描寫。真人是以「知」為主，如：

「且有真人而後有真知。何謂真人？古之真人，不逆寡、不雄成、不謀士。若然者，過而弗悔，當而不自得也。若然者，登高不慄、入水不濡、入火不熱，是知之能登假於道也若此。」

這只是第一段，下面連接還有三段論真人的話。就這段話來說，真人之「知」，不是向外追求的知識，而是在他內在的修養達到最高境地後的「真知」。這個「真知」相當於佛學「般若」的智慧，但不同的是，真人的「真知」是在他處世的順乎自然，不受外物的影響，也就是知與道的合一。

⑶禪宗

①自性生萬法：在慧能參見五祖弘忍，聽弘忍解釋金剛經至「應無所住而生其心」後，大悟而說：

「何期自性本自清淨。何期自性本不生滅。何期自性本自具足。何其自性本無動搖，何期自性能生萬法。」（《壇經．自序品第一》）

慧能及整個禪宗思想的主旨是「明心見性」。「見性」是見「自性」。所以「自性」是禪宗頓悟的最高境地。慧能描寫「自性」的「本自清淨」、「本不生滅」、

「本自具足」、「本無動搖」都是對「自性」本身的靜態的描寫。至於最後一句「能生萬法」，卻是向外動態的描寫。在大乘佛學上講「無生法忍」。要我們「無生」就是不生心動念。而此處卻講「能生萬法」？其間不同的是前者是指的「心」，此處指的是「自性」。「心」生念動，也是心生萬法，這是生出了差別相的萬法。於是這動心便有差別觀念，便有迷惑。這只是一般的心。但心的本然，是本心真心，也即自性。「自性」的生萬法，並非生出差別相，而是自性與萬法各自並生。就像太陽一出萬物皆明。太陽並沒有差別觀念，使某些物明，某些物暗，而是各物自明。所以「自性」生萬法，也可解作「自性」使萬法的「自性」共生。在我們達到「自性」真我之後，我們看萬物都有其自性。

②自性生智慧：慧能在《壇經》上說：

「一切般若智，皆從自性而生，不從外入，莫錯用意，名為真性自用。一真一切真。」（〈般若品第二〉）

接著，慧能替「般若」、「智慧」解釋說：

「般若者，唐言智慧也。一切處所、一切時中。念念不愚。常行智慧，即是般若行。一念愚，即般若絕。一念智，即般若生。世人愚迷，不見般若。口說般若，心中常愚。常自言我修般若，念念說空，不識真空。般若無形相。智慧即是，若作如是解，即般若智。」〈般若品第二〉

「般若」兩字在印度佛學上是一個很高的境界，而且還充滿了神祕的色彩。可是慧能卻把這個很高的、頗神祕的「般若」搬入心中，只是在一念之愚和智之間，也就是還歸平實的生活面。所以在我們見到自性真我之時，並非另有一個神祕的我，而是一個具有智慧的「我」。而這個智慧，乃是隨時隨地不愚昧而已。

③本地風光：慧能提出「本來面目」，即是前面兩節所論的「自性」。這裡說「本地風光」是指外物的「本來面目」，即萬物都有自性。這點慧能曾說過：

「若一切諸法若無常者，即物物皆有自性。容受生死，而真常性有不偏之處。故吾說常者，正是佛說真無常義。」〈頓漸品第八〉

這段話是慧能和弟子討論「無常」的意義。一般佛學的說法都是指諸法「無常」，而慧能故意說「諸法」是「常」。這話好像違背經義。其實慧能第一步把佛性轉為人人的「自性」，第二步又把人人的「自性」轉為物物的自性。因為如果肯定人有「自性」的話，也同時必須承認萬物都有自性。人本為萬物之一。如果只講人有自性，而抹殺萬物的自性，不僅在邏輯上講不通，而且也犯了人的自慢，而產生分別性。這種主張萬物都有自性在莊子思想中便有根源，後來僧肇的〈物不遷論〉中更加以發揮，所以到了慧能再加以強調，這也是中國思想發展的必然。後來的中國禪師們更以他們的生活、詩詞、公案來表達這種思想，如：

「青青翠竹盡是法身，鬱鬱黃花無非般若。」——慧忠禪師

「溪聲便是廣長舌，山色無非清淨身，
夜來八萬四千偈，他日如何舉示人。」——蘇軾

這也就是說，當我們見到一己的「自性」真我時，也見到萬物的「自性」真我。這是禪宗把萬物提升上來，使它們各有其「自性」真我。

④煩惱即菩提：佛學最主要的對象就是人間的煩惱。但煩惱的種子是無明，無明又是過去世造的業，這一牽扯上去，便難把捉了。因此慧能不談無明，不談業，只從目前的煩惱著手，他說：

「凡夫即佛，煩惱即菩提。前念迷即凡夫，後念悟即佛。前念著境即煩惱，後念離境即菩提。」（〈般若品第二〉）

慧能所謂煩惱不是外在的麻煩，而是內心的感受。人的煩惱很多，俗語說三千煩惱絲。煩惱就像我們的髮絲，不知其數。我們無法一一去抽絲剝繭，一一拔除。慧能卻直截的說「煩惱即菩提」。煩惱是迷，菩提是悟。迷與悟只在一念之間，凡夫與佛也在一念之間，自我與真我也在一念之間。所以這個「自性」真我，不是躲在高高的雲霄中，也不是遠在幾世之後，只在我們眼前，只要對境不著，便無煩惱可言，便能「邪正俱不用，清淨至無餘」，便能「憎愛不關心，長伸兩腳臥」（〈般若品第二〉）。

第四章 中國人的「自我」觀念

前面的討論是以中國哲學裡的儒、道、禪三家思想的修己為主，而此處的自我乃是以中國人的一般觀念來論，也是中國哲學對中國文化、中國社會的影響，所形成的一種心理因素和生活習慣。

1. 小我與大我的轉變

「小我」與「大我」是現代的術語，今天西方心理學中已用過，而我們中國現代的文字中也常用，是否有彼此的影響，不得而知，但意義卻有所不同。我們所指

「小我」就是「自我」，而「大我」則指「自我」之外的群體。

(1)犧牲為成全

孔子《論語》上說：「殺身成仁」，《孟子》書中也說：「捨生取義」。一般我們都把「成仁」、「取義」當作一己之完成。事實上「成仁」的「仁」，不限於自己，所謂「己立立人，己達達人」，顯然是為了成就別人，「取義」的「義」是對更多人的義，也是對別人、對社會的責任。再說父母為子女的犧牲，子女對父母的犧牲都是為了成全家庭；士兵的犧牲是為了國家。這些人物都是犧牲了「小我」的某些利益，為了成全家庭、國家的「大我」。

(2)希聖希賢的教育

中國古代的教育，都是灌輸給孩童們「希聖希賢」的思想。「希聖希賢」的意思，就是要學聖賢為人類服務，為人群造福利。這也就是說在「自我」的小小心靈上，已種下了轉「小我」為「大我」的種子。

⑶性善之論的強調

在哲學上或教育上討論性善、性惡的問題，這都屬哲人學者的研究，不是一般市井小民所能參與的，或有興趣討論的。可是我們的社會教育卻把「性善」的思想灌輸給一般人，如《三字經》一書已被中國社會當作一般人的讀物，「人之初，性本善」的觀念便藉此輸入人心。確認了「自我」的性善，便能使自己不局限於「自我」的自私自利之心，而能為善、為人，所以「性善」之端的擴充，便是「小我」轉入「大我」的契機。

⑷責任心的培養

儒家對幼童重視「灑掃應對」的訓練，這就是從小培養他們的責任心。「子弟入則孝，出則悌」，教孝教悌，也就是使他們從對父母的孝養，推而對年長者的尊敬。這些都是在自我的這個「小我」中種下了轉變「大我」的種子。

2. 家庭單位代替個人主義

中國人重視家庭，自古已然，據說伏羲畫的八卦中就含有父母子女的家庭關係。重視家庭就是中國人最重要的生活特質。

⑴家庭是社會最基本的單位

如果西方社會的基本單位是「個人」的話，那麼中國社會就是「家庭」，西方的倫理是個人的道德，中國的倫理是家庭的倫常。國家兩字中就含有「家」字，我們的哲學派別，以家為名，如儒家、道家等，我們帝王的治天下是「家」天下。一個國家的盛衰，是看國中的每個「家庭」能否家給戶足。總之家庭的重要代替了「自我」的地位。

⑵家庭是治國與修身的關鍵

《大學》的八目是：格物、致知、誠意、正心、修身、齊家、治國、平天下。

從這裡可以看出齊家在修身和治國之間的地位。修身的進一步是齊家，修身也在齊家之中。治國也以齊家為本，家不齊，國便無法治。

(3)家庭是教育的樞紐

中國古代的教育以家庭為主，今天我們講家庭教育，只是在口號上，要父母多注意孩子的品德，做父母的應該為子女的典範，但是沒有一套思想制度可以作為家庭教育的依據。中國傳統哲學或教育重視孝道。這個孝是家庭教育的中心。「孝」不只是子女對父母服從，或報養而已。而是藉孝所培養出的一套道德修養，是家庭溫暖的基石，也是社會安樂的基礎。

(4)家庭是最高的目標

在中國人的觀念裡，家庭是我們人生追求最高的目標。個人的榮辱，是家庭的榮辱；個人的成就，是家庭的成就。個人的一切都以家庭的快樂為快樂，家庭的幸福為幸福。除了家庭之外，別無所求。也就是說「家庭」代替了「個人」。「自我」

的一切都在家庭中找到安頓。我們常說「安身立命」，其實也是「安家立命」，俗語說「家和萬事興」，家庭的和諧，也是「自我」事業的基礎與目的。

3. 處世態度中的自我

中國本有一種叫「處世的哲學」，其實說穿了，儒家、道家和禪宗的思想根本上也都是處世的哲學，但在這裡，我不稱「處世哲學」，而稱「處世態度」，因為我們在前面已談過這三方面的哲學，都是著重在理論，而此處，我們專從一般人的生活經驗上來說，所以稱處世的態度。

(1) 處世是一種圓融的經驗

中國的文化是以人文社會為主的，因此我們重視的是政治、倫理、禮制等，這些都是重在講人與人的關係。我們除了在上一層，講儒家、道家的修養哲學外，在世俗一層的生活，更有不少的人或受儒道的影響，或由於個人的才知、經驗，而形成了一套世俗的處世學問。而且他們也著書，或寫文章，或寫小說而流行於世，如洪自誠的《菜根譚》、朱伯廬的《治家格言》、鄭板橋的〈糊塗難〉、李密庵的〈半半歌〉，還有不少刻在祖宗祠堂等地方的家訓，台灣內政部曾編了一本《中國家訓》，我有位學生曾以它寫了篇博士論文。這些作者都不一定是專門治哲學的學者，他們以個人所學和生活的經驗，寫成了這些流行於民間的作品，而影響了每個「個人」，使他們都學會了一套圓融的處世方法。這些對「自我」有以下的作用。

⑵ 對自我的訓練

這些前人留下來的一些格言，都是經驗的結晶，當我們讀到它們時，有的是恍然而悟，有的是深自警惕，有的是會心微笑。無論是那一種，都說明了「個人」受到了影響，這些影響不是在腦中思維的哲理，而是在生活上的運用和訓練。當我們接受了這些觀念後，又會傳給自己的子女們，告訴他們如何去處世。譬如我們常說的「害人之心不可有，防人之心不可無」。這幾乎是很多父母常告誡孩子的，完全是一種圓融的處世態度。再如我的母親不識字，她在我很小時便說過，而且到了我長大，甚至做教授時，她還是照樣的說，這句話就是「心平好過海」。我不知道這句話出自何處，可能是江浙地方的諺語。「心平」，就是老子哲學的「知足」；「好過海」就是可以度過一切困難的環境。這也就是說在我很小時，便受到這種處世的通俗智慧的影響，可能比很多哲學名言還要深刻、有用。

(3)調整「自我」與「別人」的關係

雖然孔子說過：「己所不欲，勿施於人」，這是恕道。但孔子這話還需要加以解釋，還需要去讀《論語》。但如果把它用在生活中，變成了處世態度後，人人都可以受到影響，甚至不知道孔子曾說過，即使目不識丁的人，也會運用。譬如我母親也說過：「前半夜想自己，後半夜也該想想別人」。我們在生活上，也會教孩子們：「做老大的，要多讓一點給弟弟」，或「做弟弟的要聽哥哥的話」，這些話推源上去，也許可以找到某哲學，或禮制上的根據，但這些話卻通俗得變成生活上的態度和經驗，在家中排行最小的人也許會說：「我不喜歡儒家，我在家最小，就永遠要服從哥哥、姊姊嗎，這不是太吃虧了。」這是西方個人主義的色彩，他忽略前面兄姊要讓弟妹的話。所以並不吃虧，而是互利。這說明了這種處世的經驗，可以在我們生活上，調整這個「自我」與「別人」的關係，達到和諧而互利的境地。

(4)解決生活上的許多難題

今天我們的孩子如果學習西方的個人主義，純以自我為中心，有我無他。他長大後，便「自我」孤立起來，因此一遇到人際的一些困難，便束手無策，只有逃避，只有躲在「自我」的軀殼內，抑鬱、焦慮。相反的，如果我們從小在家庭中，和兄弟姊妹相處，便學到了應付的方法、經驗，和智慧。儘管在學習過程中，我們也有不滿，也有挫折，也有痛苦，但這些都是一時的，我們在成長中，慢慢的承受、慢慢的體驗、慢慢的解決。於是我們學到了一套「自我」的解決問題的方法，所以長大後，在生活上遇到許多問題，我們的抗壓力便高，應付的方法就比較有效了。

4. 責任感中的自我

前面在「小我與大我的轉變」一節中，我們曾提到「責任心」的培養，現在再進一步談談這是如何的一種責任感，以及具有責任感的這個「自我」，與不講責任感的「自我」又有什麼不同。

(1) 自我能面對問題

恕我對西方心理學中的ego有一種猜測，因為當「自我」遇到了問題時，他陷入了一面是他的內在的或肉體的欲望，一面是外在的道德教言或稱為super ego的交戰，中國話就是所謂「天人交戰」，那麼這個 ego 就介在中間掙扎。如果這個 ego 很充實、很強壯，甚至很有「智慧」，像我們前面提到的「自我」的修養，及以後將會討論到的「自我」的充實、完成、提升等，那麼這個ego變成中哲的「自我」就會自己去解決問題。可是心理學上的ego是虛擬的「自我」，它本身是空洞的、不實的、沒有重量，因此它很容易游移，也很容易逃避，其實游移就是逃避，它逃避了 super ego，也就是逃避一切道德教言，就像今天很多人聽到道德兩字便皺眉。當他們逃避道德教言的當時，也就逃避了問題，很輕易的退縮回原始的欲望或肉欲的狀態，和它們一起掉落到潛意識的龜殼之中，不敢再探頭出來。相反的有責任感的「自我」，不是空虛的 ego，而是以責任感充實的「自我」，它必須面對問題，努力去解決問題，它知道這是它的責任，不能逃避。

(2)自我能承擔一切

面對問題的進一步，就是能具有承擔一切的精神。無論解決問題的結果，是好，是壞；是對己有利，或對己不利，都需有概括承擔一切的勇氣。在《論語》第二十章記載了堯傳位給舜時的話：

「咨，爾舜，天之曆數在爾躬，允執其中。四海困窮，天祿永終。」（〈堯曰篇〉）

接著舜傳位給禹時，也說了相似的話：

「朕躬有罪，無以萬方。萬方有罪，罪在朕躬。」（同前）

這就是責任感，把天下蒼生的疾苦，由自己一肩挑。當然堯舜都是聖王，不是我們能企及的。那麼就以升斗小民來論吧！王陽明在《傳習錄》中曾有一段批評佛家的話：

「佛怕父子累，卻逃了父子，怕君臣累，卻逃了君臣，怕夫婦累，卻逃了夫婦，卻是為個君臣父子夫婦著了相，便須逃避。如吾儒有個父子，還他以仁，有個君臣，還他以義，有個夫婦，還他以別，何曾著父子君臣夫婦的相。」（〈黃直錄〉）

這也就是說父子、君臣、夫婦之間會有很多問題，但不能逃避，須面對這些問題，去解決它們。當然佛家聽了陽明的話，會抗議的說：真正的佛家不是逃避問題，他們雖然離開父子、君臣、夫婦的關係，這只是他們的「自我」離開而已，他們真正的目的，還是在救世救人，使人間的這些父子、君臣、夫婦都能走上正道，避免痛苦。暫不論這些是非，但他們所強調的還是一個責任感，只有這個責任感能承擔一切，才能使這個「自我」充實而強壯。可以一肩挑盡古今愁，那還有個人的那些小小問題？

⑶自我須任重道遠

孔子強調「任重道遠」，因為我們以仁為己任。從「自我」的成人做起，而達到大我的「成物」，這條路途是長遠的，也就是說這個「自我」的發展，不是短暫的、片面的，而是長程的，即所謂：

> 「天行健，君子以自強不息。」（《象辭・乾文言》）

這個「自我」能夠有這種自強不息的精神，才是「自我」的有理想、有抱負。但「自我」之所以能如此，就是因為它有一個長遠的「責任感」。

第五章 「自我」的討論

1. 什麼是個人主義

中國學者常說，西方重視個人主義，中國沒有個人主義。這話值得我們推敲。

先說西方的個人主義：

(1) 純以個人為尺度

希臘哲人畢達哥拉斯曾說：「人是萬物的尺度」，這是說人是一切的標準，萬物的好壞都是以人的眼光來衡量。這種思想也影響科學，產生了人定勝天、征服自然的觀念。把這種思想約歸個人來論，也就成為「我是萬物的尺度」。「我」的存在是唯一重要的，其他萬物都為「我」而存在。在西方哲學上有「唯心論」、「唯物論」、「唯名論」、「唯實論」，而個人主義是「唯我論」，也就是以「我」來衡量一切。

(2)個人與社會的分割

這種「唯我」的個人主義思想的發展，逐漸使人和社會分割開來。過去西方社會把人與人拉緊了關係有兩個因素，一是政治，一是宗教。政治事務需要人們參與，如民主的選舉制度等，往往逼人們參與，但試看今天選舉人數的比例愈來愈低，也足見他們在這方面的熱情也逐漸減少。然而選舉的業務也並非常有，所以人們參與的機會不多。至於宗教方面，由於近世紀以來，宗教的失勢，今天的宗教團體多半是年老人的聚會所，年輕人很少參與宗教活動，這顯示宗教與個人的關係也愈來愈淡薄。由這兩方面與人的疏離，也就顯示了人對社會活動的參與愈來愈少，最後使這個「個人主義」與社會完全的割離開來。

(3) 自我為中心主義

當人們從社會中逐漸剝離出來之後，當然是非常空虛的、孤獨的，可是他們又有一種人為萬物尺度的驕傲心態。他們咒罵上帝死了，想把自己變成上帝，可是又沒有這個能耐：他們厭惡物質主義的社會，可是精神又很空虛，只有被迫吸吮物質有毒的乳汁。在二十世紀有則笑話，一個四歲的小孩醒來後，跑到爸媽的房間看不見爸媽，跑到姊姊的房間，看不到姊姊，於是回到自己的房間，突然大聲的哭著，喊「我跑到那裡去了」。所以今天的問題是「自我」中心主義的「自我」，卻是沒有真正的「自我」，只是一堆不安的、焦慮的、貪婪的意識而已。

(4) 中國的個人主義

現在我們再回頭來看中國，雖然人們常說中國沒有個人主義，其實不然，我們在歷史上曾有過，而且還成為一個學派：如楊朱派的個人主義，提倡全生保真，強調「拔一毛利天下而不為，悉天下與一身不取也」。這是十足的個人主義。接著《莊子》書中所描寫的許多隱士，在孔子的《論語》裡早已存在。他們都脫離政治和社會，只重個人的獨善其身，也是純粹的個人主義。到了後來，魏晉的竹林七賢，及山中宰相的陶宏景，也都是個人主義的隱士之流。像這些人物，在中國歷史上沒有一代沒有。不過把中國的這些「個人主義」與西方的「個人主義」相比，有以下的兩點不同：

①這些中國的隱士們，都是受政治迫害，或有意脫離政治圈子，而遁跡山林。他們之中，有的固然是離群索居，去過個人的生活，但很多的只是隱居農村，仍然過著群眾生活。這與西方「個人主義」的脫離群眾似有不同。

②很多的隱士們都是出儒入道，他們崇拜道家思想，有道家修養工夫。所以他們的「個人」是另有所主，也是非常充實的。他們有時可以在山中為宰相，如陶宏景，有時卻又能回到政治圈子，如諸葛亮的「鞠躬盡瘁，死而後已」。這點又與今天西方社會上的「個人主義」大為不同。

2.什麼是心理學上的自我（ego）

「自我」在心理學上的用語，就是ego，這是心理學家特別創造出來的字。就像佛學的「無明」一樣。當他們提出了這個字以後，好像無法控制，反而成為麻煩的製造者。

⑴為什麼提出「自我」一詞

如果用中文來表達的話，有三個詞即：「我」、「自己」和「自我」，翻成英文即：“I”、“self”和“ego”。「我」這個主詞，從遠古到今天，我們隨時隨地都在用著，並無不妥，也無特殊意義可言，只是做任何行為的主詞而已。「自己」一詞便像“self”或“myself”一樣，在「自己」之外，必有別人的存在。所以用「自己」一詞來標明軀體「我」和意識「我」。但這個「我」畢竟是實存的，而且是和其他人物相關的。如儒家所謂「君君、臣臣、父父、子子」和五倫的「君臣、父子、夫婦、兄弟、朋友」，都是在講每個人的「自己」，與別人的「自己」之間的關係。孔子的「毋我」、老子的「自見」、莊子的吾忘「我」，也都還是指的「自己」。至於這個「自我」，我們不常用，如果拿它來翻譯英文的 ego 的話，那麼在中國便沒有這種用法了，因為 ego 一詞也是西方心理學家虛擬出來的一個字，它是在我們意識中，當情景發生衝突時，為了自衛、凸顯出來的「自我」（ego），這個「自我」，有時很強，傲視別人；有時又很弱，藏頭藏尾，心理學上所謂自大狂和自卑感，都是它在作祟。總之，它是虛擬的，好像電影中的一個巨無霸，戳穿了，又什麼都不是。

⑵自我以心意識為範圍

這個「自我」活動的範圍都在意識中。西方心理學家把意識的範圍定得極廣，幾乎包括了所有心的作用。就像佛學的「無明」一樣，它的活動也都限於意識的範圍。在中國哲學裡，意識中有七情六欲，也就是包括了所有的情緒、感覺、欲望等。這個「自我」一直在這個欲浪滔滔中混戰，殺紅了眼，有時不知為何而戰，有時也不知我是什麼？就像一個人賺錢是為了個人的生存或家庭的溫飽，可是後來錢賺得愈多，拚命的賺錢，於是這個虛擬的「自我」（ego），代替了真正「自己」的位置，弄得「見利忘義」、「利欲薰心」，結果六親不認，這個虛擬的「自我」活生生地扼殺了那個真正的「自己」。

⑶自我排拒了心知

在心理學上，這個意識的範圍很大，是無所不包的，因此它也把心知包括進去，認為心知也是意識的一種作用。這和我在意識之上所加的這個「心知」完全不同，因為在意識中的這個心知，由於意識的力量極大，感染力極強，因此心知變成了意識的奴隸，聽任意識的支配。譬如我們意識中的七情發作，我們的心知非但不像《中庸》上所說求其中和，相反的可能為虎作倀，加強了情緒化，當我們喜時，非但不加以節制，以免樂極生悲，而且還要「人生難得幾回醉」、「逢場作戲，又有何妨」。當我們怒時，非但不加以勸說，反而要「怒髮衝冠為紅顏」，不怒，顯不出自己的丈夫氣概。總之在心理學用意識範圍了心知，同時也就把真正的「心知」排拒在外。於是「自我」便完全聽任意識的支配，而失去了「心知」的指導。

⑷自我切斷了道德

在心理學家們把心知納入了意識的範圍，而排拒了我所謂的「心知」的同時，他們也就把我們所謂意識之上的「心知」改了一個名稱，叫做「道德教言」。其實，我所謂的「心知」，還是屬於心的作用，它和意識的「心」是相連的，因此由它疏導意識，也是從內而發的。可是變成了道德教言之後，便與心的柔軟性、連貫性割裂了，而成為命令、戒律，像法律條文一樣的，強加在身上。於是這個「自我」，就在意識心和道德教言之間奮戰、掙扎，產生了各種的心理毛病。其實以中國哲學來說，前哲們的這些道德教言，雖然形諸文字，但它們所指的乃是在心中的心知，孟子所謂的「仁義禮知」的四端都在心中。而中國古代的教育也都把這些道德的幼芽早已種在孩童的心中，慢慢地、自然地成長，這些就是我所謂的「心知」，是早已在心中成熟的，而非外在勉強加入的。現在心理學家把「心知」以「道德教言」的名義排拒在外，本希望這個「自我」可以減輕壓力，逐漸恢復它的體能，在心理學家的目的，是求之不病，可是這個本來空洞的「自我」，只有在掙扎時的虛幻心態，又那有長期的體能可以恢復，而活動，而健康。

⑸自我切斷了智慧

我所謂的「心知」中除了道德心，還有智慧心，現在心理學家們把「心知」排拒在外後，不僅道德，而且連智慧也排拒在外。在中文裡的「知」，包括了知識與智慧兩層意思，如果我們再詳細的分析，可能有知識、知謀、理智與智慧四層意思。知識是對外在事物的認識，這種知識是中性的，可以略而不論。知謀是《莊子》書中常提到的我們爭名奪利的知。這種「知」雖然也屬「心知」，但是負面的，也常為意識所左右。今天我所謂的「心知」，就正面來說，即是理智和智慧。理智是中哲和儒家所講的，「智慧」則是佛教傳入後，翻般若為智慧。智慧雖然為般若的翻譯，但它的意義較廣，在佛學上也可指一切智，在儒家也可用智慧兩字指理智。現在為了方便清楚起見，我們就把中哲的智慧稱理智，而智慧兩字完全留給佛學。中哲的理智，是由道德修養及道德實踐所提煉出來的知，而佛學的智慧，據慧能的解釋就是本來清淨的自性。這兩者似乎都被心理學家排拒在「自我」之外。所以「自我」便沒有內在的「心知」，及理智與智慧的指導，那麼它如何能對付外境以解困，只有請求心理學家的幫助了。

⑹自我切斷了各種關係

這個「自我」本來是在各種情景的衝突中虛設出來的，因此它本身是空洞的，但它卻裝滿了七情六欲的各種感覺情緒。這七情六欲的作用是以佔有為主，所以「自我」在對外的關係中也是以佔有為它存在的依據，因為它本身是空洞的，不佔有便是沒有。然而真正人與外在萬物的關係，不在佔有，而在付予，而在責任。中國儒家所謂「君君、臣臣、父父、子子」的關係，就是在講彼此的付予，彼此的責任。中國道德禮教都在這裡立足生根。可是這個心理學上的「自我」，卻以佔有為它自己的存在，愈佔有，愈切斷外在的關係，「自我」也就愈空虛。最後形成了「自我中心」主義。這個中心卻只有「自我」一人的中心，外圍完全都不見了。真正的心理學家在創造或運用這個「自我」一詞時，本想抓住這個病根，加以用藥治療，可是後來很多心理學家卻忘了這個本意，就像縱愛孩子似的，管教不了，束手無策。因為忘了付予，不講責任，又如何能維繫彼此的各種關係。沒有付予，沒有責任的「自我」，又如何能在各種關係中，找回它真正的「自己」。

3. 自我是天生的

「自我」作為一個主詞是「我」，雖然在生活上，我們不經意的每句話都用著這個「我」字，但這個「我」的存在又是如何來的呢？當然這個「我」是父母生的，但父母生的只是形體，小雞小鴨也是牠們父母生的。小雞小鴨是否有「自我」，我們不得而知。但現在我們討論的是「人」的「自我」，要看看在中國哲學裡的這個「自我」是怎麼來的：

⑴ 天命之謂性

人除了和動物相似的具有一個形體之外，人還有一個和動物不同的「性」。當然萬物都有它們的「性」。而萬物的「性」也各有不同。植物中花草樹木的「性」有所不同，動物中雞犬牛羊的性也有不同。而人的性當然也和它們不同，但這些不同的性都是天生的，《中庸》第一句話便是說：「天命之謂性。」當然《中庸》在這裡是指的人性而言。就中國哲學來說，這個「自我」中最重要的就是「性」。這個「性」，縱然不必像中國哲人一樣說得那麼好、那麼美，是「純然至善」的，但至少人類有很美好的人格是從這個「性」中發展孕育出來的。所以「自我」不是空洞的，也不全為意識情欲所充塞，而是含有人之所以為人，天所賦予的「人性」的。

⑵天生德於予

這個「性」還比較抽象，因為人性與物性同一個「性」，所以有的人，如心理學家們以物性來論人性，以老鼠、兔子、猴子來為人做實踐。但中國哲學卻不然，認為人性與物性有一個本質上的不同。儒家們更直截的、具體的認為是德，而以「德」來說「人性」，以「德」來講「自我」。如在《書經》中便一再說：

「天命有德。」（〈皋陶謨〉）

「天既孚命正厥德。」（〈高宗肜日〉）

而孔子更說：

「天生德於予。」（《論語・述而篇》）

這說明了「自我」的德性是天稟的，而不是外加的。也就是說，像種子能發芽、生長的特性是種子本身所含有的，是自然而然的。同樣每個人的「自我」都有這個「德」性，所以「自我」的人性特質就是德性。

⑶自我存在的意義

人們常會問：「生命的意義是什麼？」這個問題也等於是問：「我的存在是為了什麼？」這樣的問題，最簡單的有個兩極性的回答：就是有意義和沒有意義。先說沒有意義。即使人生沒有意義，但生為人身，自我的存在總還需要維護，而在維護生存的過程中，種種的作業、努力也就會產生了意義。於是在我們生存發展中，有時會感覺沒有意義，有時又會感覺有意義，這往往隨心情而變動，因心知而影響。至於說有意義吧！必然會涉及最終的意義。根據易理「生生不已」的思想，人在天地之間，和萬物一樣，都是生生變化的一環，只是萬物沒有自覺性，聽任造物的擺布，而人為萬物之秀，他們能夠助成天地的變化。這是人的天職，也是人存在的意義。對「自我」來說，這個「生命」得來不易，應該好好護衛，好好充實。有「自我」就是生命在「自我」；有「自我」，就是這個「自我」可以給予生命以意義。

(4)自我由知到德的轉化

「自我」在保護它的「生存」時，需要知識。從嬰兒開始，他的意識逐漸成長，也就逐漸的吸取各種知識來幫助「自我」的存在與成長。一般心理學家根據生理學的說法，孩童在一歲以前，自我觀念便逐漸形成，「我」要大的，「我」要好的，似乎已是十足的「自我」中心。其實這是生理的自然現象，本能的維護自己的生存。說這是「自我」的成長，並無不可，但如果冠以ego的「自我」，而一直貫串到整個人生，變成了一具永遠武裝起來、和外界搏鬥的「自我中心」的ego，一成不變的，就未免過當了。因為在「自我」成長的過程中，知識的增加是會使我們逐漸成熟，防衛生存的方法也會逐漸變化。譬如一個未出嫁的女兒，「自我」極強，一直和父母作對，怪父母待她太嚴，可是等她生養了孩子，才知道父母的恩情，而改變了以前的看法，這就是由於生長過程中，環境變了，經驗多了，她的知識逐漸變成理智。由這種理智，她化解了以前的怨尤，增進了自己的智慧，同時也以此指導她的兒女們，可能又會產生她兒女的衝突。總之在這個「自我」發展的過程中，逐漸的，她的知識，由外到內，由內向上提升，最後又由知識轉化為德行。這是「自我」向上提升的結果。

4. 如何對付自我

中文的這個「我」字一邊是武器的戈字，一邊是用武器殺伐的意思。雖然這個「我」是借字，來表達「吾」、「自己」的意思，但為什麼要借這樣一個充滿殺伐之氣的字呢？是否也暗示了要保護自己生存的不易，需要兩把武器來防禦，或者認為這個「我」頗為強悍，不易對付。

⑴ 如何克己

「克己」兩字我們在《論語》「克己復禮」一段中曾提到過。孔子的意思是使自己能回復到禮的位置，對於如何「克己」只說非禮勿視、勿言、勿聽、勿行，而並沒有說明。如果把「克己」當作克欲，這一點在原始儒家的孔孟思想中並沒有太過強調，可是到了宋明儒家也許是受到佛學的影響，對於「克欲」的思想非常重視，朱熹的白鹿書院便標明「懲忿窒欲」。用一個「懲」字、「窒」字說明了「克己」的工夫。凡是有一點忿、一點欲，都必須不容情的克制它。所以他們更大聲呼籲「滅」人欲。這是對「自我」欲望的斷然絕滅。

⑵ 如何修己

「修己」的「修」字是「修養」的意思。這個「養」字是內在的涵養、滋養。這一點與前面一點的不同是，前者是從外在的克制，而這一點是內在的培養。我們的心性中都有德行的種子，需要我們常常灌溉、滋潤，使它們發芽成長。譬如孟子認為我們的心中都有仁、義、禮、智的四端，也就是種子，我們把它們發展出來，而成為有仁愛之心、有浩然之氣、文質彬彬、好學不倦的人，這都是由內心涵養，顯露在外的修養。中國有兩句俗語：「心平氣和」、「氣定神閒」，正可以描寫這個「自我」經過「修己」之後的氣質。

(3)如何安己

這個「安己」的「安」字也是中國哲學的一種工夫。在《書經・堯典》裡一開始描寫堯的德行便一連用了兩個「安安」。前者是內心的「安」，後者是外在表現的「安」。如果「自我」充滿了欲望，我們的心便會躁動，便會不安。所以老子說：「靜勝躁」，慧可見達摩便自認心不安。可見如何「安己」是一個重要工夫和法門。比起前面的「克己」和「修己」，這個「安己」更著重內心的修養。在內心的修養達到心平氣和時，自然內心能安。「自我」處任何環境都能安然，所謂不擇地而安，不擇時而安。也就是說，能夠訓練這個「自我」容易和外在的環境相合。這也是中國哲學強調的「安身立命」之說。

⑷如何忘己

「忘」的思想，我們前面已介紹過，在理論的工夫項中，我們舉莊子的「心齋坐忘」。在真我的「無」字項中，我們舉真人的忘生死。在這裡我們從處世的日常生活中談談如何的「忘己」。莊子的〈人間世〉一文是針對處人間世的方法來論的，他認為我們在人間世有兩件事情是無法逃避的，他借孔子的口說：

「天下有大戒二：其一命也；其一義也。子之愛親，命也，不可解於心；臣之事君，義也，無適而非君也。無所逃於天地之間，是之謂大戒。」（〈人間世〉）

我們再把他的話補充擴大來說：所謂「命」就是「天命」。父母生我，我不能選擇父母，這是命。再擴大的話，我們在生存過程中，遇到許多貴賤、窮通的環境，或自己的身材、相貌等，便須安之如命，忘了它們。至於「義」就是責任。如果盡了自己的責任，就不會有自己的負擔，所以能安處這兩者，便所遇而安，而忘了自己的存在。

⑸如何大己

這裡「大己」的「大」有兩層作用，一是當作形容詞的大，是指「大我」，一是當作動詞的大，是指擴大自己。前者是指的目的、境界，後者是指過程、工夫。在這裡我們指後者，就是如何把「自我」從微小的ego逐漸突破「自我」的拘限，而把小我變成大我。我認為最可行的方法，就是建立「關心意識」。我曾寫了一本《關心茶》的書，其中包含了五篇「關心意識」的文字，強調人類有個最基本的意識就是關心自己。這個意識連許多高等動物都有，因為關心自己，就是保護自己的生存，這是自私的、自我的，是非常ego的。然而這個「關心」意識卻可以向外推擴，由關心自己、關心自己的家人，然後通過關心家人，突破了人與人之間的隔絕，由關心自己的家人，也想到別人的家人。儒家仁的「己立立人，己達達人」，恕的「己所不欲，勿施於人」，就是建立在這種關心意識上的。所以我們如能善用這種關心意識，便會衝破「自我」的小藩籬，而使小我轉化為大我。

5. 如何充實自我

雖然在中國哲學上，有性善性惡之論，但就教育的眼光來看，人心似白紙，染之以赤則赤，染之以黑則黑。「自我」在它的原始點上，也像一張白紙，孔子曾說過：「性相近，習相遠。」（《論語・陽貨篇》）可見性分最初都是差不多的，只有後天的「習」，才逐漸的不同。所以這個「自我」本如白紙，我們必須在這張白紙上填上我們所需要的、所希望的一切。

(1) 自我的潛能

每個個體的「自我」都有他們的潛能。我們暫不從生理學上去討論各種複雜的潛能。我們只談一個最基本的潛能，這個潛能是人和萬物所共有的，是非常單純的，也非常自然的，那就是人和萬物都能從小到大的成長。這一點在《易經》上曾說：

「乾知大始、神作成物。」（〈繫辭傳上〉）

我的解釋是乾的知性，是大其開始。也就是說，乾的生物是給予萬物一個會由小變大的性能，如小草的種子，會長大變成小草，大樹的種子也會由樹苗變成大樹。這個由小變大的性能是萬物變化的鐵則。任何事物都不能脫離這個原則。那麼每個人的「自我」天稟的就具有這種性能，人和其他萬物的不同是，人不限於形體的由小變大。他們的「自我」在經驗、知識上都會由小變大，由少變多。這就是成長。所以說這個「自我」都有成長、變大的潛能。

(2)自我必有用

中國有句俗語：「天生我材必有用」，即是指凡是天所生的萬物，無論大小、貴賤都各有它們的用途，小草有小草的作用，大樹有大樹的功能。就像一個房子，棟梁固然重要，但其中的一個小釘子也有它的作用。同樣的道理，在人類中的每個「自我」，都有它們的作用。先知先覺的聖賢，固然能先知覺後知，先覺覺後覺，為人類締造福祉，但作為後知後覺的凡夫走卒，照樣在他們自己的崗位上，做他們能做的、應做的事。因此無論這個「自我」如何渺小，也不能放棄自己。在儒家來說這就是每個人的「天命」。「天命」就是天所賦予的生命。每個「自我」都有他自己的「生命」，每個「生命」都有天所賦予的「使命」。每個「自我」都應珍惜它，好好的保養它。

⑶知的充實

在「自我」軀體的成長中，需要不斷地吸收知識和增加經驗，才能使「自我」適應多變的環境。對外在的知識來說，由粗淺的，到較多的、較廣的、較複雜的，這是順著走的。就像小學習算術，中學習幾何、代數一樣，並沒有什麼顯著的大變化。可是對我們內在的心知來說卻有小知、大知的不同，如莊子所說：

「小知不及大知，小年不及大年。」（〈逍遙遊〉）

莊子此處的「小知」，喻地上小麻雀的無知，反而譏笑天上大鵬鳥一飛沖天的「大知」。所以這裡的「小知」並不是指外在知識的多少。很多人教育程度雖高，有很多知識，但他的心知仍然是淺識短見，名之為「小」。我此處強調「知」的充實，除了外在的知識外，尤指心知，要能由小知、大知，而真知。要打破自己局限於地域、時間、觀念派別，而層層突破、層層向上，使「自我」由小而大。

⑷德的充實

雖然是同一個「德」字，也有小德、大德，如孔子「大德不踰閑，小德出入可也」（《論語・子張篇》），下德、上德，如老子「上德不德……下德不失德」（第三十八章）及至德（莊子）、玄德（老子）等等的不同。還有哲學上、心理學上講相對性的道德和絕對的內在之德的差別。如何才能由小德而大德，由下德而上德，由相對的道德，而絕對的至德，這便需要不斷的修養。在《大學》中說：

「〈康誥〉曰：『克明德』，〈大甲〉曰：『顧諟天之明命』。〈帝典〉曰：『克明峻德』，皆自明也。湯之〈盤銘〉曰：『苟日新，日日新又日新。』」

這裡的「日新」是指我們的德行來說。這裡我用德行兩字，而不用德性。因為「德性」是內在具有的，也許是不變的。而「德行」卻是德之行，是有關於生活實踐之行的，每天環境的不同，給予我們「德」的踐行自然不同，因此我們的德行每天都有新的變化、新的增益、新的充實。

⑸功用的充實

我在這裡講「功用」，而不講「功業」兩字，因「功業」兩字太高、太大了，不可能每個「自我」都有功業於世，而能「立功」以不朽。但「功用」卻是針對前面第二節的「自我必有用」來說的。因為每個「自我」都有功用，不能自卑、不能自棄，但「功用」本身並非一成不變的。就一個房子來說，小釘子雖有用，但這顆釘子久了，便會朽腐，便須更換新的。「自我」的功用不像釘子任其朽腐，再求更換。「自我」的功用，必須不時的求新、求變、求好。即使做一個泥水匠吧，如果做一輩子的泥水匠，他還須學習不同的水泥、不同的新產品，以及更新、充實他的技術，以適應不同的新房舍。所以一個「自我」要不斷的在功用上更新。記得一位電腦網路公司的副經理說，他的天命不變，而他的職業可以更換了好幾次。這也就是說天賦的性能是不變的，但「自我」的功用卻可以常常轉換，精益求精，以期充實而完美。

6. 如何提升自我

前一節講「自我」的充實，是順著發展，由內而外的增進，而此處我們講「自我」的提升，有超越的作用。

⑴ 超越小知

此處我們講「知」的提升，多為道、禪兩家。老子要「絕聖棄知」（第十九章），「棄知」並非放棄所有的「知」，而是不執著於已有的「小知」。莊子說：「知止於其所不知，至也。」（〈齊物論〉）這裡的「不知」並非真正的沒有知識，而是不以「知」去知，即以不知去知。禪宗所謂「百尺竿頭須進步，十方世界是全身」

（長沙景岑禪師），這裡的「百尺竿頭」喻知識達到最高峰，「須進步」就是還要再進一步，把這根竹竿的最高知識也要拋掉，才能進入十方世界的道的境界。這些例子都說明了「自我」，必須能超越掉他已有的知識，不自以為知，他的知才能向上提升。

⑵超脫小成

當「自我」有所成就的時候，很多人都會以他的成就為傲，志得意滿，於是他的成就便變為他的繭網，把他束縛住，而不能有更高的成就。莊子說：「道隱於小成」（〈齊物論〉），這是說「小成」非但不是可喜之事，非但不是墊腳石，且是絆腳石，是求更大成就的障礙。因此我們不僅不要留戀，而且要無情的把它割捨掉。就像寫一篇文章，其中有一段想得很妙，可是就全文的整體來說，不很相稱，如果捨不得刪掉，便會破壞全文的美好。再如一位小說作者，寫了第一本成名的作品，如果自以為這是成就的話，恐怕以後所寫的小說，都跳不出以前的模式，而無創新的作品。每個人的「自我」在某一時期都會有不同的成就，無論成就是小是大，都一律捨之如敝屣。我們「自我」的格局才能往上提升。

(3)突破自我系統的間隔

每個「自我」都有他們的形軀，他們的意識都在這個形軀內活動，而產生老子所謂的「自見、自明、自伐、自矜」，都是以形軀內的「自我」為中心。人與人之間的隔閡，也就是「自我」與「自我」之間的隔閡，很不容易突破。而要真正突破這種間隔，唯有用真情、真心，或至性才能達到，如情人的「換我心為你心，始知相憶深」。父母對於子女疾病痛苦的如同身受，以及宗教上的慈悲心等等。「自我」之自閉，除了形軀外，還有「自我」的知識所形成的系統。譬如學科學的人，拘於他科學上的認知，很不容易突破他的障壁，而進入文學、哲學，或宗教的領域。所以在學術界的是是非非，派別之見，都是拘囿於「自我」的知識系統之見。我們要突破這種間隔，「自我」的知性才能往上提升。

7. 如何完成自我

「自我」不是一個封閉的個體，不是一生下來就是如此的一成不變。所以我們說「完成自我」，就是讓「自我」一直向上發展，永遠的開放。

(1) 不自生

老子說：

「天長地久，天之所以能長且久者，以其不自生，故能長生。」（第七章）

所謂「不自生」，就是不以自己的生存為生存，生命為生命。就老子的說法，天地不以它們自己為生命，而是以萬物的生命為生命，因此只要萬物生存著，天地就生存著。這就像古代許多母親，她們操勞家務，沒有自己的成就，她們是以子女的成就為成就，她們所完成的「自我」，不是自己，而是子女。所以「自我」的完成不是自限於「自我」，不以「自我」為自我，不要把「自我」看得很重。這一點也許不容易，但如果像天地和母親一樣，能轉移目標於萬物，便會沖淡對「自我」的執著。

(2)開放向上一路

儒家對個人的修養講「下學而上達」，下學是指最基本的知識，對於一個孩子來說，儒家訓練他們「灑掃應對」。當然這只是一個淺近的例子，宋明儒家，如王陽明批評佛家只有形上，而沒有下學，這個下學便是廣泛的指現實生活的一切知識。在這裡我們不談「下學」，而談「上達」，這條「上達」之路沒有任何標誌或界限，而是無窮開放的。如《大學》上講「止於至善」，這個「止」字好像有休止、停止的意思，可是「至善」卻沒有一個限止，是無窮的，所以「止於至善」，也就是以至善為目標，永遠的向上提升，「自我」的完成也是一樣，它是向上永遠開放的，翠巖禪師所謂：「丈夫自有沖天志，不向如來行前行」。連如來都不是最高的目標，可見他的心胸的無限向上開放。

(3) 自我法自然

老子曾說：

「人法地，地法天，天法道，道法自然。」（第二十五章）

人在法地、法天、法道之後，應該是最高的了，可是語氣一轉，而「道法自然」。這裡的「自然」，並不是在道之上，另有一個更高的境界，而是自然如此，自己如此，也就是道回歸到自然如此，自己如此。在禪宗講「自性」，很多人都把自性看作佛性，看得很高、很神祕。可是在慧能講「自性」的時候，卻一再強調「本來面目」、「本來清淨」，也就是那個純純淨淨的自己而已。所以「自我」的法自然也是如此，即法一個本來清淨的「自我」而已。這也就是說在「自我」的發展中，無論是高、是低，是大，是小。只要是向上的，有益於人的，都能滿意、自足。不要永遠的不滿意「自我」，這就是「自我」的真正完成。是一個成色十足的「自我」，中國人所謂「做人」，就是做這樣一個自己的「自我」。

8. 如何轉化自我為真我

「轉化」的這個「化」來自於莊子思想。莊子的「化」，有三個層次，即自化、物化，與神化。

(1) 自化

「自化」即《莊子》書中提到的「吾喪我」、「心齋」、「坐忘」等，這些工夫主要都在「忘己」。即忘掉「軀體我」、「意識我」。「忘」字相當於佛學的「不執」或「無住」。但「忘」字的工夫是向下的「墮肢體」、「黜聰明」，同時又是向上的「化」，所以「自忘」而後能「自化」。「忘」是工夫，「化」是境界，「化」有融化、消融、融入的意思，也就是說整個私欲的「自我」被融化掉了。但融化入那裡呢？一是直接提升到神化即真我，一是由物化而入神化，也即是真我，用我所舉的三角形，如圖2。

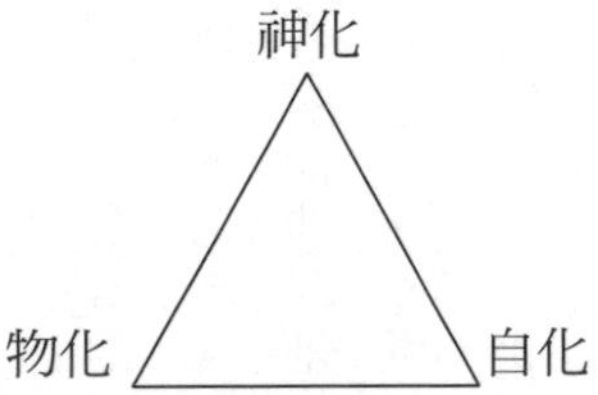

圖2

⑵物化

「物化」即《莊子》書中所描寫「莊周夢胡蝶」的故事。莊周和胡蝶各有不同的「自我」，一是人，一是物，他們都有很難突破的軀體的障蔽。可是莊子用一個夢境把他（牠）們融合在一起。這種境界，莊子稱之為「物化」，也就是「物」的轉化。以人的立場，是人轉化為物；以胡蝶的立場，是物轉化為人。但今天寫文章的是人，討論這個問題的是人，因此還是以人的立場，以人主動的去轉化，也就是我們為人先把這個「人」的「自我」忘掉、打消掉，把人放在物之中。其實人本來就是萬物中的一物而已。只是人的「自我」太膨脹了，把自己看得太高，而輕視萬物。我們以人的眼光看狗，好一點的，把牠看作一個可以戲弄的玩偶，壞一點的，把牠看作低等的畜生；可是誰能知道狗眼看人呢，好一點的，也許把人看作會控制食物的主人，壞一點的，看作會傷害牠的另一種衣冠禽獸而已。這種互相不同的看法都是由「自我」立場不同而產生的歧視，現在莊子的「物化」就是人主動的先拆掉這個「人」的「自我」的障蔽，把人當作物一樣的來體驗，不過在這裡要注意的一點就是，「物化」雖是把人放入物中去同化，但不是人向下變成動物、畜生，而是把物提高了，和人同在一起而共化。

⑶神化

「神化」的這個「神」字並非後代道教的神仙之流，而是在《莊子》書中早已點明的「神人」。在《莊子・大宗師》中指的真人即「神人」，他仍然是人，而不是上帝或神祇。「神人」是指精神修養到最高境界，完全超脫了軀體的障蔽，物欲的拖累，而是能生死自然、來去自由的真我。這個真人或真我是「吾喪我」的「吾」，是真君、真宰、常心、成心等。莊子在「物化」之後，還要說一個「真人」，非常重要，因為「物化」不是把我們真的變成了物，與物同樣的不知不覺，或受牠們軀體的限止。因此雖然與物同流，但不合污。我們在這裡講了「自化」、「物化」之後，還要講「神化」，目的就是要把這個「自我」在打破了自己的軀殼，突破了自己與外物的間隔之後，再提升上去而轉化為「真我」。就像莊子在夢胡蝶之後，還要說一句「必有分也」。這時候，不是夢境中的莊周，更不是夢境中的胡蝶，而是覺醒後的莊子本真了。這個本真高高在上，正看著那個莊周和胡蝶在夢中相互轉化。所以達到「神化」後的真我，才能主動的去轉化，而不是被動的被轉化了。

⑷自我轉化在心理學上的意義

在今天心理學家的思想中，因為他們承襲了西方哲學心物二元的觀念，為了突破這種傳統的說法，他們都在設法溝通身（body）與心（mind），也許每位學者都有他們自己的一套方法，我不得而知。還有人在他們提出身、心之後，又提出神（spirit）之說，這三點正好構成了我所舉整體生命哲學的三角形，如圖3。

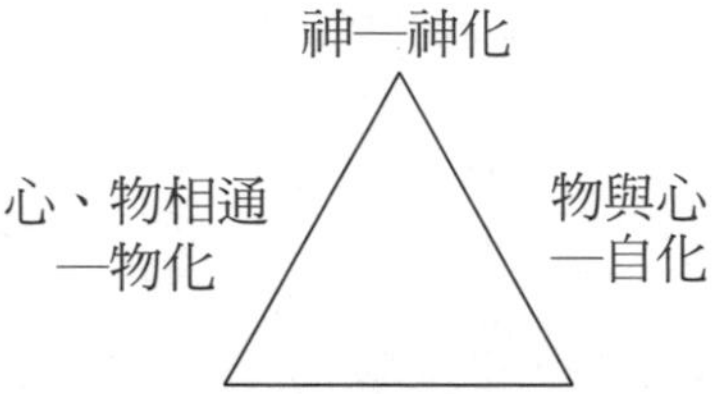

圖 3

配合了前面的「自化」、「物化」、「神化」，我們可以說，對「物」來講是「物化」，對「心」來講是「自化」，對「神」來講是「神化」。我們在最右角說是「物與心」，即 body 與 mind 並列在一起，即軀體的我和意識的心。西方心理學家所面臨的就是這一層次。這兩者常被觀念割裂開，而心理學家想打通它們。其實這兩者在我們的意識中是打通的，因為意識的我根本也以軀體我為主，只是加上了意識欲望而已。所以對於這兩者的轉化，是轉body的肉欲為情意，再轉mind的心意為真情真意。「情意」和「真情真意」當然是可以相通的。這個工夫就是「自化」。至於另一角的「心物相通」是指的理。也就是說要把「自我」的心和萬物的物相通，在莊子就是「物化」的理論。「理論」的真實就是理，悟了這個「理」，才能真正參與物化，和萬物同化。這時候我們的「心」便向上提升為「神」，這是心物完全相融的至高境界，是至情至性，完全達到真心真我的境地。

在西方心理學家所講spirit，往往是指psycho的精神作用，概念不甚清晰，不如他們所言body和mind的明確。同時他們指的spirit又易與brain、energy及soul混淆不清，就像中文的精神一詞一樣，神字上加了個精字，有精液、精義的兩層意思。所以中國哲學上只用一個「神」字，去掉了這個「精」字，如《易經・繫辭傳》上的「陰陽不測之謂神」，「神者，妙萬物而為言」，《孟子》的「聖而不可知之之謂神」（〈盡心篇下〉）。這個「神」字便提升上來。不限於brain和energy，也免除了宗教上的soul的神祕感，而通乎真心、至性、真我。如果落實來講，這個神，也是智慧、至德的意思。這個「神」不是與 body 和 mind 並列的第三個觀念，而是使 body 和 mind 提升的作用。它能下貫，通於 body 和 mind，同時又上達，超越了個體的「自我」，向上無限的開放，向外無窮的開展。所以它又是生生不已的。

由「自化」、「物化」而「神化」，這是中國哲學的一套心性的修養工夫，它可以使我們由自化，經物化，而轉為「神化」，也即由「自我」，經我與物的相融，而達到真我的境界，這套工夫也許可以貢獻給西方的心理學家，以補助他們對 body 和 mind 問題的解決。

第六章 結論

最後，我們再回到開始時的三角形，這個道是真我，包括了自性、真心、聖人、真人等。理是非我，即理論的我，包括了忘我、無我等。用是我，即存在我，包括了軀體我、意識我等。

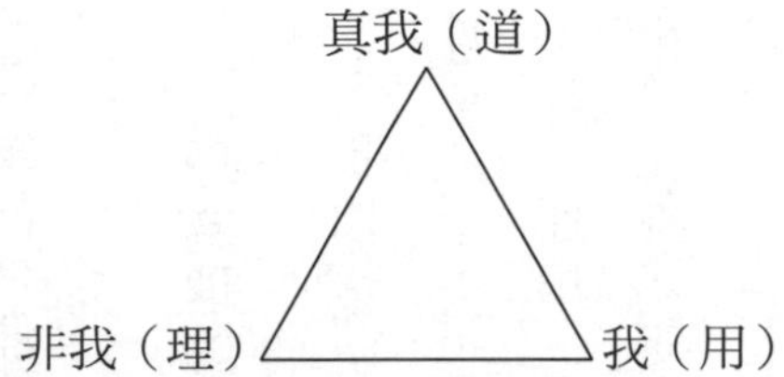

圖 4

1. 非我為理

我們在文字上說「非我」、「忘我」或「無我」、「無心」等都是理論，或在理論上講的方法與工夫。其意義可如下所列：

⑴理為理論，也為假設

譬如我們談到「自我」問題的根本處，便會觸及人性的問題，在哲學上有性善、性惡之爭，這都是理論的假設，沒有真假的問題，只有是非的問題，在他們的理論上都可運用。至於佛學的業與輪迴，就佛教的宗教上來說，是理、是真理，但就學術的探討來說，也是一種理論或假設。

⑵假設非假，乃是方便說法

在大乘佛學或中國禪宗來說，所有語言文字的說法，它們的實性都是空的，真如、佛性也是空的，甚至連佛也為方便說法而已。但空不是假，假是假象，空是一種理。

(3)非我不是實有非我

也就是說「非我」不是在「我」之外另有一個境界，「非我」是針對「我」而言，「非我」必須有一個「我」字才能「非」。這一點在《維摩詰經》的〈不二法門品〉中，就有「我」和「無我」不二之說。

(4)「非我」須上達「真我」

「非我」是理論，如果只在「非我」上大做文章，只是在玩弄理論、玩弄名詞而已。「非我」既然是理論或理論的工夫，就有它為理論的目的，為工夫的意義，所以「非我」的目的是為了真我，「非我」的工夫就是要達到「真我」。

(5)「非我」須下貫自我

「非我」的理論對象是「自我」。就像說「空」的對象是「有」。沒有「有」就沒有「空」，同樣沒有「我」就沒有「非我」。所以「非我」必須有它的著力點，就是實際的在這個「軀體我」、「意識我」中去做工夫。

2. 真我為道

「道」是無形相的，說「真我為道」是否有矛盾或不適當？首先我要說明兩層意義，一是在道、理、用的三角形中，是以整體生命哲學的間架來說的，而此處談「真我」，乃是在真我、非我和我的三角形間架上的，所以此處說「真我為道」是指「真我」是在道的層次。在這個層次上，還有自性、真心、真如、佛性、真人，甚至聖人等，所以自性、真心等也都是道，或在道的層次上，相當於道。另一層意義是根據莊子的思想，道在萬物之中，或者以老子的思想「道」生萬物，而「道」也把自己交給了萬物。那麼「真我」是「自我」中最精粹的本體，因此以「道」名之，也無不可。現在我們再接著看看「道」與「真我」的關係：

⑴道為有，也為無

道的作用在有，也在無，這是我們在前面已提到過的。那麼這個「真我」呢，也是有，也是無。既然說「真」，當然是有其真實，如老子說的「其中有精，其精甚真」。但「真我」和形軀的我不同，形軀的我是有物質性的存在，是可以摸觸、感受的，而「真我」卻無形相。同時「真我」又與意識的我不同，因為意識的我有七情六欲可徵，而「真我」卻沒有。所以「真我」和道一樣在「有」、「無」之間。

⑵真我在理為非我

這是說真我在理論上是非我。這是說我們文字語言上的描寫都是徒勞無功，而且弄巧成拙的。因為愈描寫，就愈不真；愈追求，就離真愈遠。因此在理論上，我們常以非我來講忘我、無我。把那個軀體我和意識我忘掉和無掉，才能雲開霧散見青天。再從「真我」來說，它也不是高高在上，一個孤零零的存在，它是藉「非我」的理論來凸顯出它的存在。所以「非我」的理論是「真我」非常重要的一個跳板、一條路子。

⑶ 真我在用為「我」

真我不能獨存，除了以理去顯明外，它的存在還是在用中，在那個軀體我、意識我之中。這一點慧能在《壇經》中已一再解釋，說得很明白，他所謂：

「前念迷即凡夫，後念悟即佛。」（〈般若品第二〉）

可見凡夫即佛，他們的不同只是一念之間。禪宗講頓悟，這一念之間的轉變也許太神速，不是我們很容易抓得住的，但「真我」存在於這個「自我」之中，卻是千真萬確的。試想沒有你的這個「自我」，那裡還有你的「真我」存在著。

3. 我即真我

前面已提到「真我」存在「我」之中，這也就是說這個「我」的重要。

⑴ 道與理的真正作用在「我」

道不自存，真我也不自在，而理也是虛設的。這三者都必須通過這個「我」。沒有「我」，道是空，真我也空，理論更空，所以佛學才說一切皆空，因為他們先把這個「我」空掉了，還有什麼不空。如果這個「我」是有的話，那麼道、真我、理論便同時的即刻的都「有」了。所以這個「我」才是「空」、「有」的關鍵，是存在的唯一意義。

⑵ 我為小用，也為大用

所謂「我」的小用，是指軀體我、意識我在日常生活上的運用。我們是人，我們活著，這個軀體我的一舉一動，都是正常作用。這個意識我的喜怒哀樂，也是正常表達。這雖然是小用，很多聖者、哲人都要我們不執著它們，但並非要我們不用它們。舉個例來說，佛學雖然講五蘊皆空，要我們不執著它們，可是佛學中講八難，就是指八種人物不能聽到佛陀的講法，而稱之為「難」。可見用耳去聽也是很重要的，因為聽佛法也需要有聽的感覺。所以這些「小用」也不可忽視，甚至「小用」

就是「大用」。《易經・繫辭》上說：「顯諸仁，藏諸用」，這是指易理之道，是顯發於仁之德，而把自己又藏諸萬物之用中。萬物即各各物體的「自我」，雖小如草，大如山，都為道之用。因此我們的「自我」的一切小用之中，早已藏有道的大用，真我的大用。

4. 由我，非我，而真我

這個由我，非我，而真我的歷程，可以用莊子的三句話來說，即：

「至人無己，神人無功，聖人無名。」（〈逍遙遊〉）

我在《逍遙的莊子》一書中曾發揮說：

「有己而後無己，無己而後成真己，
有功而後無功，無功而後有神功，

有名而後無名，無名而後有聖名。」

這三句話，用三角形來表示如下：

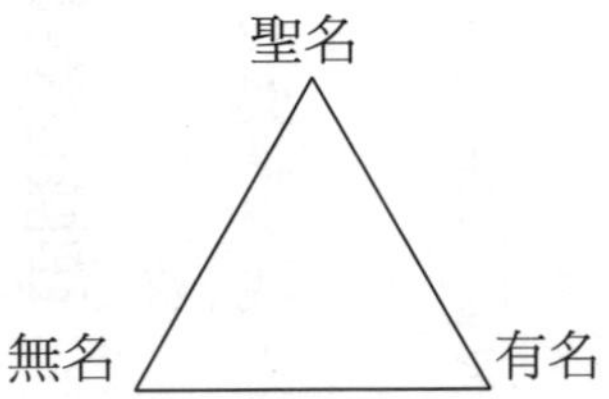

圖 5-1

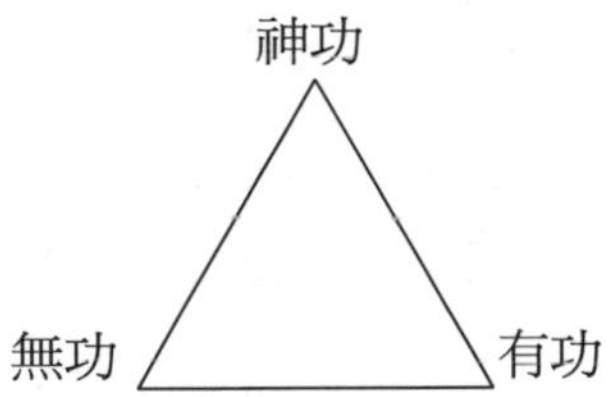

圖 5-2

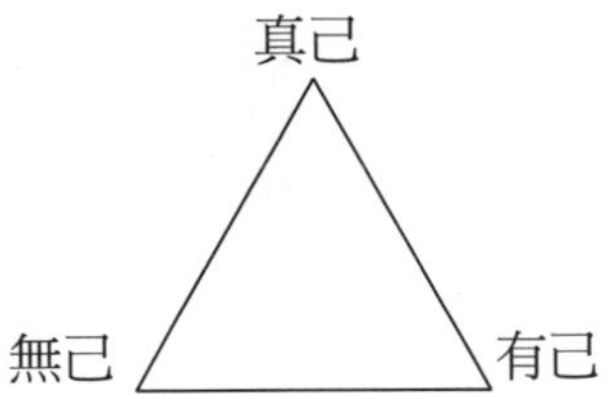

圖 5-3

在這三個圖形中，我們僅舉「有己」「無己」和「真己」來說明。「有己」就是「自我」，雖然「自我」有為我的一點私心，如孔子說的「小人喻於利」，但也無可厚非，只要把這點「私」、這點「利」加以轉化，透過了「無己」的不執私心、不利欲薰心，便能使自我提升為真我，但「真我」不是高懸在形而上的虛位，這個「真我」其實即回到「自我」中，使這個「自我」不受形軀所限，不為意識所左右。這時候，「真我」和「自我」合而為一，這就是真正的「自我」，也是真實的「真我」。

5. 真我的迷思

我們講真我，求真我，可是「真我」卻往往使我們迷失。

⑴道、儒與禪宗不講「真我」一詞

①老子不言真我，代之以道、無名、樸、自然，甚至聖人。

②莊子不言真我，代之以真君、常心、成心、真人、至人、神人，或天人。

③儒家不言真我，代之以君子、仁人、聖人。

④禪宗不言真我，代之以自性、本性、本來面目。

他們之所以不言「真我」的原因，是避免運用「真我」一詞，會產生的弊端。

⑵用「真我」一詞的弊端

①「真我」和「自我」糾纏不清。「真我」在「自我」之中，「真我」與「自我」共有一個「我」。當我們在用「我」一字的時候，那個是「真我」，那個是「自我」，如何能分得清？我們生活上的一舉一動，是「自我」在那裡操作，可是背後是否有一個「真我」呢？我們做錯了，固然是「自我」的錯，那麼背後的那個「真我」是否也應概括承受，不然也應分擔一點責任呢？

②說了個「真我」，相對於「真」的，就是假，那麼我們是否有一個「假我」呢？我們的「自我」是否就是「假我」呢？所以用了一個「真我」的「真」，便會對「自我」以假名之，如佛學世諦的假名。

③易成幻覺。提出個「真我」之後，往往會把這個「真我」從「自我」中提了出來，成為高懸在天上的一尊神，一個偶像，禪宗要「遇佛殺佛，遇祖殺祖」。這個「真我」是否也變成了佛，變成了祖，該殺、該斬呢！

④易被執著：「自我」的大毛病就是喜歡執著，善於執著，當我們提出了「真我」一詞以後，這個「自我」又去執著「真我」了。當「真我」一被執著，「真我」便成了「自我」，或變成「自我」的俘虜，任「自我」的欲望所擺佈了。

附比較

神
- 道
- 佛性
- 真心(我)
- 神仙
- 上帝

知
- 知識
- 知謀
- 理智
- 智慧

意
- 七情
- 六欲
- 感覺
- 情緒
- 真情
- 感情

身
- 基本欲望
- 肉欲

神化
- 提昇
- 純化

個人知識
個人經驗
傳統知識
傳統經驗
哲學言教
宗教教訓
內心良知

①身體的肉欲是中性
②肉欲上昇才成人欲
③如無知，人欲肉欲合
④心知無力，則意下降
⑤心知淺則知為意左右
⑥心知深則指導正常
⑦心虛靈則意識向上提昇，意與神合

表1

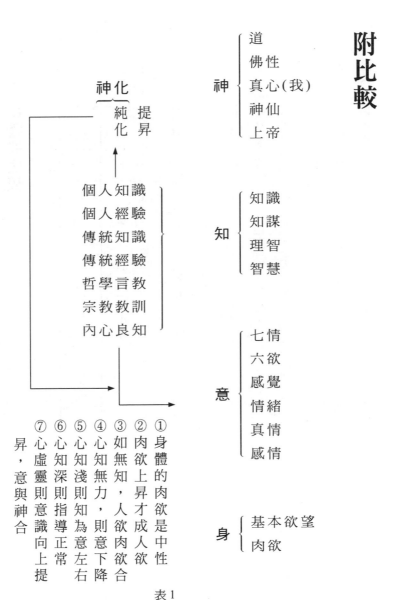

1. 自性與真我的比較

自性	真我
性	我
心	意
與佛性有關	與五官相連
空靈	真實
超脫心	超脫我
自性＝本來面目＝真我	

表2

(1)自性是屬於「性」的範圍，跟心性有關。

真我是屬於「我」的範圍，跟軀體的存在有關。

(2)自性是在「心」中，是「心」的主體。

真我是在「意識」中，是跟情意有關。

(3)自性是佛學的名詞，印度佛學指萬物的自性，是空的；中國禪宗卻是把佛性轉成自性，是空中妙有，本來清淨的。

真我是跟軀體我有關，因此與五官相連，視聽動息，了了分明。

(4)自性是禪宗的術語，它有佛學的空性，也有中國哲學講的神靈或性靈。

真我是真實的，與莊子的真人相似，它不是空的，卻是靈的，是真真實實的存在。

⑸自性是心中的至高境界，它是心的超脫、超越處，仍然是心，而脫掉的乃是意識、情欲的心。

真我是我的最高境界，它仍然離不開我。它的超越處乃是真知，而脫掉的乃是名利凡情的執著。

⑹自性在慧能手中，又轉為「本來面目」，「面目」即我的面目，「本來」通乎本真。所以「本來面目」的這一轉，便和「真我」惺惺相惜，難以分別了。

2. 真心與真我的比較

真心	真我
心	我
心智	心意
無心	無我
自性	本來面目
大化	實存
外被	內歛
無	有

表 3

(1)真心是屬於「心」的範圍，是跟「心性」有關。

真我是屬於「我」的範圍，是跟軀體我有關。

(2)真心是心的真知，它與我們的「心智」，是由知識而智慧的。

真我是我的真實，他是從我們七情六欲的意識中超脫出來的。

(3)真心仍然是心，禪宗講「無心」，並非在心外又有一個「無心」的存在，「無心」是「無掉」那個遮住「真心」的欲望的意識心。所以「無心」是方法和工夫。

真我仍然是我，佛學講「無我」，並非在「我」之外，又跑出來一個「無我」，這樣，不是變成了「我」和「無我」的二元相對了。也不是「無掉」這個「我」，在佛學中，「我」本來就空，又要去「無掉」，豈非平添執著。因此「無我」，乃是打掉「真我」之外的假象與執著，所以「無我」是理論，也是修持。

(4)真心是心之真，而心之真就是性。所以真心即自性。禪宗講自性，也講本心。本心即真心。

真我是真實的我，原來的我。原來即本來，我即是面目，所以禪宗講「本來面目」即真我。但禪宗少用「真我」兩字，是深怕這個「我」字又平添麻煩，為世人所誤用。

⑸真心是心的至高至大，所以能「大而化之」，成為宇宙的真心。真我是我的真實，所以它是實在的，因此它都藉軀體的存在而存在，也就是人的存在。真我離不開人，莊子就稱之為真人。

⑹真心的這個「心」，喜歡向外跑，所以心是外被的，充滿在宇宙中。真我屬於我，離不開形軀，所以是存於內，是內斂的。

⑺總結一句，真心的作用在「無」，它能運用「無」去打破心意識的侷限，而向上無限提升。

真我的作用在「有」，它能運用「有」去充實「自我」，轉化成「大我」、「真我」。

第二篇

中國整體生命
心理學中的心的轉化

目錄（第二篇）

第四章　神的四個層次

第一章 中國整體生命哲學的三角形

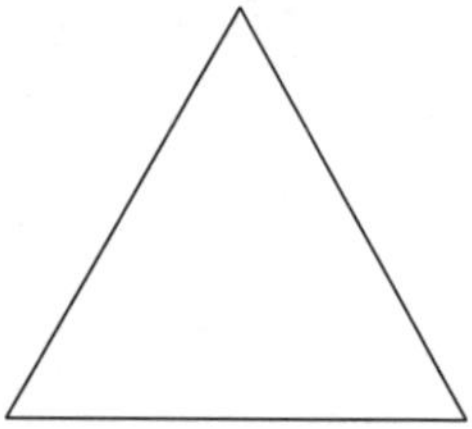

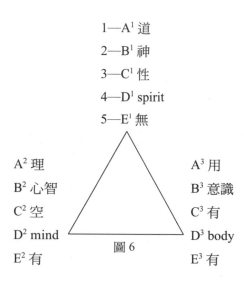

圖 6

①道、理、用的相互關係：從道，到理，到用，又歸於道的循環。再由用，到理，到道，又回歸於用的另一個循環。（$A^1A^2A^3$）

②神、心智，與意識之間的關係：心智在意識能誘導意識，以提升入神的境界。（$B^1B^2B^3$）

③性、空，與有的作用關係：「空」

是性的「理」，「空」的作用在有。「有」經過空之理，才能提升入性的境界。（C^1 C^2 C^3）

④spirit、mind和body之間的關係：在中國哲學spirit是神，屬於道的境界，mind是心智，屬於理的層次，而body是形軀，屬於用的層次。可是西方心理學卻把spirit，和mind，都壓縮在body中，而變成了一個層次，神和智都變作意識，而無提升作用。（D^1 D^2 D^3）

⑤無（道）、有（理），和有（用）的關係：由有之理，歸於無之道，這是從心智、理論，或道德向上提升之路。由有之用，歸於無之道，這是從頓悟、直證、禪定向上提升之路。由有之理，到有之用，這是把理論用之於實踐之路。（E^1 E^2 E^3）

第二章 命的四個層次

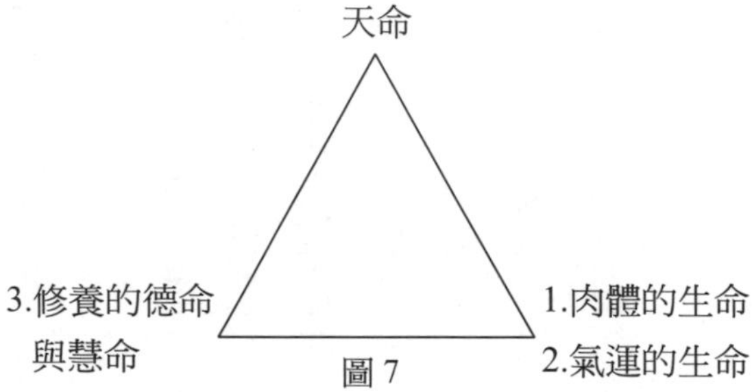

圖 7

1. 肉體的生命——血氣——心臟

這個生命完全限於形軀，它雖然不是生命的最高境界，卻是最重要的依據，因為沒有形軀，根本沒有生命可言。即使有所謂生命的不朽等，但最先總要有一個形軀負載這個生命。譬如釋迦牟尼成就佛陀之後，他的生命、言教能夠不朽，可是最先總要有一個釋迦牟尼的形軀負載，使他能修行，能覺悟，能傳教，而創造了佛教。所以這個形軀仍然是一個先決的條件，佛教也說人身難得。可見軀體生命的重要。這個軀體的生命大約有以下四個特色：

(1) 氣血

孔子在《論語》中曾說：

「血氣未定，戒之在色……血氣方剛，戒之在鬥……血氣既衰，戒之在得。」（〈季氏篇〉）

顯然這裡的血氣是指肉體的發展。但這裡用「氣血」兩字，意義和「血氣」並無不同，只是重點略異。因為中國哲學如道家的莊子、理學家的張載，都認為宇宙一氣的轉化形成了萬物，也形成萬物之一的人的形軀，由氣而有血液。就人的已形成來說，中國醫學講氣脈，西方醫學講血脈，這兩者都同時存在人的形軀中，構成了生命物質的基礎。

⑵肉欲

這裡的肉欲是指軀體最根本的需求，這是軀體維護它自己的存在的性能，告子說「食色性也」，就是指的食物的需要和性欲的需求。食物是維持身體的存在不可缺的條件。而性欲，好像和當體的存在無關，但在軀體中卻存有這種需求，這是軀體延續生命不可缺的條件，任何動物，都先天具有這一性能，也許這就是造化之妙吧！

⑶強弱

人的軀體一生下來，就有大小或強弱的不同，如有的嬰兒十多磅，有的嬰兒五、六磅。有的嬰兒還先天帶來了毛病。漢代學者如王充在《論衡》中便說，這是自然的氣稟的不同。當然軀體的強弱，跟後天的營養、鍛鍊也有很大的關係，但無論是先天的、後天的，這些大小、強弱都是屬於軀體上的不同。

(4)能量

這裡的「能量」一詞翻成英文為 energy，而中文的「氣」較為適切的翻譯也是 energy，可見這裡的能量是兼有科學上的 energy 和中哲、中醫所謂「氣」的性質。我們把它說得較直截明白，也可稱為「生命力」。我們常說「生命力」很強，事實不然，由於軀體的不同，有的生命力很強，有的生命力卻很弱。有的人外表看來，病體衰弱，可是生命力卻頑強，久病不死。有的人外表看起來很健壯，可是突然倒地就亡。這都是軀體個別所形成的生命力。另外，「能量」還有一個微妙的特質就是它的發展性，我們也稱之為「潛能」。每個軀體都有它個別不同的潛能，所謂「種瓜得瓜，種豆得豆」。小草的種子長大仍然是小草，大樹的種子長大就會成大樹，貓的潛能發展出貓的特質，狗的潛能也只會發展出狗的特性。人的軀體也一樣，他的潛能不僅發展出人比動物更聰明、更有創造力的特色。而且每個人軀體的不同，包含在軀體內的潛能卻可以開放出先知後覺、上智下愚等不同的人格類型。這都是由於軀體能量的相異。

2. 氣運的生命——心意

「氣運」是說氣的運行。宇宙一氣的運行，到了人的軀體內，便形成軀體的氣息、氣脈，以至血脈，這一點我們在前面肉體生命中已討論過。接著在這裡我們講「氣運」，這個宇宙的氣到了軀體內之後，形成了不同的草木、動物，及人的形體。但它也在外面形成各種不同的自然變化，特殊的環境。於是人的氣運和外在的氣運產生相互的作用，而成為生命的各種遭遇。人們便稱之為命運。

⑴命運

「命運」就是生命的運行，遇到外在的氣運，而形成各種現象，所以我們也稱它們為「命運」，如我們生命遭遇到的壽夭、貴賤、榮辱、貧富等等，這些現象我們不知所以如此的原因，也無法控制它們，於是便一概稱之為「運氣」。好像這個運行的氣是外在加諸我們的，所以「命運」和「運氣」都是我們心意識對軀體所遭遇現象的一種解說。

(2)七情六欲

由於這個「氣」在我們軀體中運行，按照張載在《正蒙》一書中的說法，氣的清明者，上昇為我們的神知；重濁者，下降為我們的形軀。同時這個下降的濁氣，也形成了我們的七情六欲，即「喜怒哀樂好惡欲」的七情，和「眼耳鼻舌生死」的六欲。總之這些在心理學家的看法都包括在心意識之中。當然這些也都代表了我們生命的最大部分，試想，如果把七情六欲都拿掉的話，我們的生命還有些什麼可以表現的。

(3)自我的凸顯

由於七情六欲的產生，這個發動七情六欲的主體是什麼？於是「自我」的意識便產生了。這個「自我」與心理學的 ego 不同，ego 是心理學在理論上虛擬作為肉欲和道德教言鬥爭的一個名詞，而且含有病態的作用，而此處「自我」，乃是為七情六欲的主體，七情六欲在佛家也許是負面的欲望，但儒道兩家卻並沒有否定它們，尤其在儒家，如《中庸》上說：

「喜怒哀樂之未發謂之中，發而皆中節謂之和，致中和，天地位焉，萬物育焉。」

可見喜怒哀樂的七情並沒有什麼不好，而且運用得宜，還能致中和，參天地的化育呢。所以七情六欲，是由我們肉體的欲，發展到意識所產生的情和欲，這是我們意識的生命，是我們實實在在、能感能覺，和感苦覺樂的這個「自我」的主體。

3. 修養的德命和慧命——心知

前面「肉體的生命」，是人與動物共具的，至於「意識的生命」，某些高等動物也有，只是沒有像人那麼複雜而已。人和其他動物的最大不同，還是在心知這一層次。其他動物沒有心知的性能。在這一層次上，人的心知發揮了人的另一種生命。張載的「為生民立命」，就是立這個「命」，也即是繼承了原始儒家的以德為命。

(1)德命

孟子認為「仁」、「義」、「禮」、「知」的四大德行都是根之於心的，他所指的「心」，如果依我們所謂心的四個層次來論，不是軀體的心臟，也不是心神，而是意識的心和心智的心。如他所說「惻隱之心」、「辭讓之心」、「羞惡之心」，都屬於心意識的作用，只有「是非」之心是屬於心知。這些仁、義、禮的種子在我們的心意識中很容易被七情六欲所遮蓋，因此必須用心知把它們開發出來，而成為具體的德行。這些德行，就是人的全人格的表現，也是人的生命的最高境界。所以這種德性是經過心知的轉化作用，是人的德性的生命。

(2)慧命

在中國佛學上有慧命一詞，就是以「智慧」為生命。「智慧」的反面是「無明」，是「欲望」，是「妄想」，在我們的心意識中，由於無明、欲望，和妄想的作祟，使我們執著於假象的五蘊，而以虛幻的生命為真實。所謂「慧命」，就是破除無明、欲望，和妄想。這個智慧之心，就是生命。雖然中國哲學不講「慧命」兩字，而中哲的智慧與佛學的般若智不同，它是我們的理性良知，是真知，是我們明是非、別善惡的依據，也是使我們為萬物之秀，能夠繼承天地的生生不息的特性。所以人之能贊天地之化育，就是靠這種智慧的生命。

4. 天命的生命——心神

在中國哲學裡，有「道」、「天」、「天道」、「天命」四個有關聯的詞語。「道」是指宇宙生生不已的本體，「天」，除有形的「天」之外，主要指創生萬物的天，如天理、自然、天神等，「天道」指天之道，雖然可和道相通，但加了個「天」字，當然為「天」所限定，而「天道」、「人道」也就產生了相對性。「天命」兩字主要來源在《書經》，大約有兩義，一是從「上帝」兩字轉變過來，因此也有神明的意思。一是指高高在上的有性靈的天，也兼有天道的意思。此處我們講「天命」是兼有「道」、「天」，和「天道」的各種意義，表面上好像很抽象、複雜，但我們把它簡單化譯為天或道給予我們的生命，就較為清楚明白了。《易經·文言》上便說過：「乾道變化，各正性命。」即是說天道的變化，而賦予我們真正的性和命。可見我們真正的生命是來自於天或天道的。父母所生給我們的是肉體和意識的軀體的生命。而我們在宇宙間還有另一層生命的存在，這就是天命。孔子「五十而知天命」，也就是說才知道天所賦予他的生命。這個「天命」的生命有以下兩點意義：

⑴與天地共生

莊子在〈齊物論〉中曾說「天地與我並生」，即是說這個真我與天地一起生存，共其長久。這裡我們改為「共生」，有意增加了生生不已的意思。把《易經》，和儒家的哲學也放了進去，指人參與天地的變化，共同的生生不已。也就是說天給予我們的生命，這個生命是承繼了天地的生生之德。因此我們用德性、智慧把軀體和意識提升上來，去完成我們的天命。

⑵與萬物同化

莊子又說「萬物與我為一」，即萬物與我為一體。這是就本體、本質來說的。

至於莊子的思想，也認為這個「我」的生命，與萬物的生命，可以因「不同形而相禪」，即形體不同，但卻可以互相轉換，如人死後變蟲肝、變鼠臂，可以和萬物一起轉換，所以我們的生命仍然存在於天地之間，這也許是自然的。至於儒家更進一步要化育萬物，如孟子說的「君子所過者化，所存者神，上下與天地同流」（〈盡心篇上〉），這就是說我們人在萬物中具有靈智，應主動的去化導萬物，使人和萬物的生命都能充實而美化。這是生命的向上提升，與天道合流。

第三章　性的四個層次

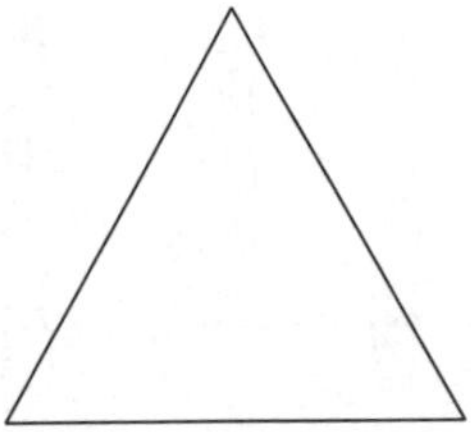

圖 8

這個「性」字很抽象，也很具體。因此這個「性」字在中國哲學上，和日常生活上用得很多，如物性、人性、自性、本性、佛性、法性、心性、情性、理性、德性等等。就中國哲學來說，討論人性問題的學說也很多，如性善、性惡、性無善惡、性可善可惡，性有不同等級等等，不一而足。今天我們用這四個層次來釐清其間的不同。

1. 性在肉體

這是指「性」完全在軀體內，受形軀所左右。也就是說這完全是動物之性，人雖為萬物之靈，但在肉體上，和動物卻是相似的。我說相似，是指器官的相似，而在相似中，它的發展卻有所不同。

⑴ 物性

這裡的「物性」，包括了所有萬物的本性，人雖為萬物之靈，但他的某一部分，仍屬於「物性」。所以這裡的「物性」，包括了某一意義的人性。譬如說動物各有牠們的特質，馬能疾跑，駱駝能耐風沙，貓能夜行，地鼠能鑽洞，各有其特殊的性能。人的性能也是如此，人能站立而走，雙手能用工具。於是科學家認為人在直立後，他的大腦便逐漸發達，而能思考。這樣一來，人便和動物逐漸不同，依照這個發展，人性的原始處和物性相似，只是後來變成了人，也就是人自認為人之後，人性便逐漸比物性發展了很多的特性，不只是會直立、用工具而已。孔子說「性相近，習相遠」，如果把這話用在人性最早也是物性這一點上，也是頗為貼切的。

(2) 性欲

「性欲」本應該包括在物性之欲中，但此處特別指性器官方面的肉欲，所以與下一點的「物欲」分開來談。就這個肉欲來說，本是萬物延續後代的本能，是天生自然的，沒有什麼可談的，人和動物一樣，真個是「性相近」，可是人的肉欲由於人的意識的發展，所以肉欲進入了意識的層次，便較為複雜了。再加以人知方面的進入，於是問題就更多，但此處我們所說的，只是生命延續的一種性能而已。

(3) 物欲

告子說「食色性也」。這兩者可能是萬物，包括人類最基本的物欲了，前面的性欲在動物中，可能沒有食物的欲望更需要迫切，因為很多動物的性欲還有季節性，不像食物時刻需要，否則生命便不保。有的動物還會鑿穴築巢，這是牠們防禦的本能，也可進一步看作牠們為了保暖的物欲的需求。當然這是非常簡單的。可是人也是從這三個基本的物欲——色、食，和巢穴上逐漸發展的，中國上古歷史，推崇的有巢氏、神農氏、伏犧氏不正是這種基本物欲的象徵嗎？可是人的這個基本物欲，發展到意識層次，便複雜了，花樣多了。

⑷ 生理

「生理」，是以肉體的生理結構，來說它在發展上的生命現象。今天的「生理學」便是一種生理的科學研究，但古代的孔子所說：「血氣未定，戒之在色……血氣方剛，戒之在鬥……血氣既衰，戒之在得」的血氣未定、已定和既衰，便是就生理的發展來說的。所以人的生理，就其肉體的結構來說，有一部分，是和動物相似的，都屬於哺乳類動物。而某些和其他動物不同的地方，雖然發展為人類，但作為生理的結構和發展來看，仍屬於肉體的生理，肉體的人性。今天，「人」和其他動物最大、最主要的不同，還要在於一個「腦」。其他動物也都有個「腦」，但人腦的內容，及作用和其他動物相異，人腦有意識、心知和精神的發展，便和其他動物大不相同了。不過人腦畢竟是屬於生理結構，如何有如此的發展，仍然在生理上值得做更深的研究。

2. 性在意識

「性」到了意識的層次，雖然它使「人」和其他動物完全不同了，但它也夾帶了肉體上的「性」而來。因此在「人」的意識中，也混雜了很多肉體上的性。在意識中的「性」也發展了很多人性的特殊面，如心知方面的發展，所以是一個非常複雜的層次，可是西方心理學家如弗洛伊德等學派，把人心分作I.D.、ego和superego，I.D純以肉體的性欲為主，而ego是一個空虛的間架，於是I.D.的性欲挾帶入了ego，就充塞了ego，把心知當作ego抗拒的super ego，這樣一來，ego便成為性欲的全部了，於是把人性發展出來其他正面的愛與情都變成了性欲的情結，這是理論上的太過單純，一面倒化，本節我們就要從這方面，希望還給性在心意識上的一個本來面目。

(1)心理

這裡的「心理」是對應前面的「生理」而言。「生理」是指肉體的結構和發展，而「心理」乃是指心意識的各種作用。今天「心理學」便是以心意識作為他們研究的最主要範圍。但心意識和我們的肉體的生理現象有關，所以很多心理學家也以生理學為基礎。生理學上講人的肉體的刺激反應，如飢思食、渴欲飲，所有動物都是如此。而在心理學上沿用了這個生理的本能，也講刺激反應。但在心理意識層次上的刺激反應，卻不是生理上的那麼單純，我們人的飢思食、渴欲飲卻不那麼簡單，我們不僅想吃美食，還要講究烹調、講究排場，而且飲食還要配男女。總之，人在心理上的刺激反應極為複雜，而產生了許多心理的問題。

(2)七情六欲

在這一層次上的人性，包括了七情六欲，其實七情六欲只是中國文學語言的一個名詞，實際上，就是所有人的感覺、情緒、情欲、感情等等。其中，當然由物性的食色的肉欲的影響也很大，可是很多的情感欲望不是來自肉欲，譬如人的喜怒哀樂好惡欲的七情中，只有「欲」一點與肉欲關係深，其他情緒由何而起？就生理上來說，不會來自心臟肺肝胃腸等器官，那麼只有來自腦了。英文就是 brain，但這只是生理學上的名詞，在哲學和心理學上，我們仍以心，即 mind 稱之。這個心或 mind 有兩種作用，一是心意識，一是心知。此處我們講的心意識，也即一般人講的感情、欲望等的人性。在這個意識的人性中，還有一種欲望如名和利，這卻不是物性所有，也跟肉欲關係不深，完全是人所特有的，中國古代政治家晏子所謂「熙熙攘攘，不為名來，即為利往」，可見名利的枷鎖是人性最大的欲望，所牽動的不只是肉欲，而是所有七情六欲的一切情感、情緒。

(3)男女之愛

前面談人性之欲，此處談人性之愛。這個「愛」是夾雜了「欲」的。在中國哲學裡少談愛字，除了君主對人民之愛外。中國哲人對男女之愛往往避而不談，對於夫婦關係也不以「愛」來論，都說「夫婦有別」、「相敬如賓」。他們之所以不談男女之愛，也許由於古代都為媒妁之言。一結婚便成夫婦，便要講夫婦之間的責任和恩情了，所以男女之愛都就欲來說的。但今天男女之愛提升到情的層面，稱為「愛情」。愛欲到了愛情，這便是肉欲人性化了。這也變成了人性所特有的愛情。超過了肉欲、占有、怨恨，而是「愛到深處無怨尤」。啊！偉大的愛情！

⑷ 父母子女之情

此處，從男女之愛提升到父母子女之情，這裡完全以「情」而言。雖然我們也說父母愛子女，子女愛父母，但這其間的「愛」已完全擺脫了肉體的欲。弗洛伊德只知有欲，而把愛拉下去跟欲相混。更不知有情，不能把愛向上提升到情，因為他所研究的對象是病人，研究的心理是病態的心理。所以對於健全的心理問題，都不涉及，對於偉大的父母子女、兄弟姊妹，及朋友的至情，都讓給哲學、宗教去推崇。其實這部分的至情，在人間也是很通常，就拿父母對子女的犧牲、關愛來說，事實上，也是大多數人認為很自然的事，卻也是人性的光輝。所以在心意識中，雖然有七情六欲，有名利之心，但在這些欲望中也能轉化出至情至性的光輝的一面。

3. 性在心知

在我所說「心」的四個層次中，是把心知放在心意識之上的。西方心理學家似乎都把心知放在意識之內，這個意識是無所不包的，其實不論在內或在上，都只是一個語言上的劃分而已。就生理學的說法，兩者都在大腦之內。西方心理學把心知包括在意識之內，那麼知便成為意識的一種作用，如官能的感受及認知等，它們常被意識所操縱、所左右。我說心知在意識之上，是指心知在七情六欲，及感覺、情緒之上，包括了中哲所謂的良知，及西哲所謂的理智。這種心知，主體仍然是根之於人性的，但也吸收了人類經驗和智慧的言教等。總之，這個「心知」可以存在於意識中，去指導和轉化意識。在這一層次上，這種心知也是人性的一種非常重要的作用，有以下四個特色：

(1) 人的第二性

這裡的第二性是針對通常我們所指的人性而言。無論講人性善、人性惡，它們所指的人性交代未必清楚，但它們講的人性，都意味著天生自然的性分。那麼此處所指的第二性又是什麼呢？就是「才」，是人的才能，通常都被排在性之外，好像是後天學得的。其實動物不能思想，人則能思想、能推理、能發明、能創造文明、能登陸月球。這也是人的特質，也只有人才能具有這種特質，所以也可看作人性。為了有別於那個天生自然的人性，因此以「第二性」稱之。最早注意到這個「性」和「才」的問題的是晉時的鍾會，據說他著有四本之論，即才性同，才性異，才性合，才性分。可惜現在只留有題目，而不知討論的內容。在此處以「第二性」來稱呼，也就是認為人類的才知，也是人性的一種特質。

(2)自反的思考

人類能思想，這是人類的才能，已包括在前一節中。此處我們更進一步討論這種思考不只限於邏輯、數學的推理，發展出科學文明而已。這種思考還能有自反的作用，從別人想到自己，從自己想到別人，而發展出人類的道德良知。這裡把道德與良知連言，就是為了表明這種道德並非外在的知識，而是來自於內在的良知。自反的思考就是在內觸及了良知，而由良知發為道德，如孟子的仁、義、禮、知的四端。西方講「己所欲，施於人」的金律，中哲講「己立立人，己達達人」的仁心和「己所不欲，勿施於人」的恕道，都是奠基於這種自反的思想，這是人性發展出來的一種理性的推理作用。

⑶報恩的心理

在這裡，我們故意用「心理」兩字，乃是為了一般的心理學只談意識情緒，而忽略了「報恩」也是人性中很重要的特色，它是屬於「心知」的層次。是我們經過了自反思考之後的一種心理，即心中之理。動物中也有報恩的現象，如慈烏的反哺，幼羊的跪乳，這也許都是人的感恩心思的投射。感恩是對別人有恩惠於我的感念，這是建立善德的基礎。感恩的一個副產品是「望報」。施恩而不望報，固然是上德。但施恩而望報，也是人類一種知性的心理，也具有人類在心理上求生命延續的功能，如古人所謂「積穀防飢，養兒防老」，這種心理雖然有點自我，但也投合很多人的心理，中國人講的「孝道」，所以能如此普遍，這種「感恩」和「望報」的心理也是一大因素。

⑷慈悲與同情心

慈悲是宗教術語，是指對蒼生苦難的憐憫之心。這是一個人在修養很高的境界才能有如此的情懷。一般人來說，比較普遍的是同情心。在電影院中看到悲劇會流淚，在電視上看到某地的天災會伸出援手，這都是同情心的表現。同情心的作用還在一個「情」字上，由這個「情」字上提升，轉化成「知」，是理智，或智慧，變成為慈悲心。佛教主張「慈悲」，說「慈能與樂，悲能拔苦」。慈悲是一種智慧，不受愛和情的左右，所以說是「無緣大慈」，也即無條件的大愛。在儒家講「人溺己溺，人飢己飢」，及「民吾同胞，物我與也」，這是把個人與蒼生打成一片的大仁的境界，是超過了一般的同情，而為一種理性的真知。所以這也是人性在心知上的表現。

4. 性在心神

「心神」，就是心在神的境界，也即在道的層次上。在這層次上，以前我們談到天、天道、天命等，但就人性來說，可包括自性、佛性、神性、聖人之性。現在我們就以性來論，可分為以下三方面：

⑴神性和聖人的超越性

這裡我們用孟子的一段話：

「大而化之之謂聖，聖而不可知之之謂神。」〈盡心篇下〉

這段話正包括了「聖」和「神」。「大而化之」，是指聖人心性的高明博大，能化育萬物。「不可知之」，是指神人的心性與萬化同流，無窮無盡，不可測知。這兩者合起來的意思是「聖神」的有功於萬物，而又不執著有功之名，這是老子的「絕聖」、莊子的「聖人無名」，也就是指它的超越性。

(2)佛性覺行的圓滿性

「佛」字的梵文原意是自覺覺他，覺行圓滿。佛學最重要的是一個「覺」字，「覺行圓滿」，是指佛的覺和行達到完滿、普遍的境地。這是指他的功德，但佛性又是空的，也是不可執、不可知的。

(3)自性的本來清淨性

在禪宗把佛性轉入自性之後，便由抽象的轉為具體的，由普遍的轉為個人的，由「空」的轉為「有」的。這個「自性」，是「本來無一物」的，可是又「本來清淨」，而又能「生萬法」。總之，這個「自性」也就是每個人都具有的「人性」，只是這個人性不和物欲打交道，不在七情六欲裡打滾，只是純純淨淨的本性而已。

綜合以上三點來看，人性在這個心神的層次上，只是不執著外在的形相，包括了成就、名譽等等，而回歸到本來的自我，那個真正的自己，沒有一切欲望的污染，只是純純淨淨的自己而已。

第四章 神的四個層次

我們一提到「神」字，就把它提得很高，變成了高不可及的神仙、神靈、神明。其實這裡的「神」是指的精神，英文翻譯作 spirit。因此它在這四個層次上都各有其意義。

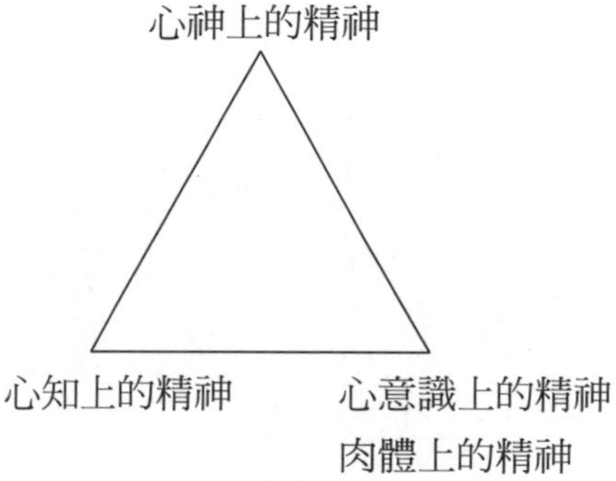

圖 9

1. 肉體上的精神

這裡的精神限於肉體，大約有以下三方面：

⑴ 氣血

指氣脈和血脈，都是限於軀體的存在。孔子所謂的「血氣」即是指的氣血。

⑵ 肉欲

此處肉欲，不限於性欲，而是泛指各種官能的需求。如五官的欲望。佛學所謂「五蘊熾盛」為八苦之一。但佛學的五蘊可能牽涉到意識作用，此處純指肉體上的需求。

⑶ 能量

能量英文是energy，中文也有把氣譯成energy的，也即指的能量。前面氣血是指肉體的氣脈或血脈，而此處的能量，雖然也是一種氣，但可由我們的食物產生，如我們通常說「飯是鋼」，即指食物產生的能量。

由以上三方面來說這個「神」在肉體上，都是由物質所產生的氣或能量。很多人把這部分的氣或能量當作精神，而以官能的強盛，為精神的旺盛。

2. 神在心意識上

在這裡的「神」，由於在意識中，為意識所限制、所左右。因此「神」和意識便不可分。在西方心理學上講 mind 和 body，有時再加一個 spirit。這個 spirit，我們翻成精神，但這個精神的 spirit，他們似乎仍然游移在 mind 和 body 之間。而他們的 mind 翻成中文是心，又都指心意識而言。心意識的範圍極廣，我們僅舉以下五點來說明：

(1) 感覺

感覺有兩個層次，一是肉體上的，是指本能的刺激反應。一是在意識上的，雖然也是刺激反應，但牽動了意識的七情六欲，因此比較複雜。我們的「神」在感覺上，就是所謂的「意氣」。我們常說：「少年氣盛」、「意氣用事」、「意氣之爭」，都是神在感覺上的表現。

⑵情緒

「情緒」是我們的意識隨著感覺而有波動，有時高、有時低、有時安定、有時失常。因此神表現在「情緒」上的，常說作「心神」，如心神不安、心神浮躁等。

⑶熱情

熱情是指我們心意識的高昂。如男女愛情的強烈，及對宗教、政治、藝術的投入。好的方面，是表現得熱情、熱心，不好的方面，則變成了失去理智或狂熱，但這都是精神在意識中的熱烈表現。

⑷意志

意志是我們的意識集中在某一目標上所產生的一種精神作用。我們通常也把這種精神作用，叫作「志氣」、「野心」、「企圖」。有正面的，也有負面的，如儒家便是正面去強調立志，而老子卻負面的去強調「弱其志」。

⑸情感

「情感」是人與人之間的精神作用。它在我們的心意之中，我們常稱之為「情意」，即情的意識。但意識中的情，有「喜怒哀樂好惡欲」的七情，這七情只是情緒的表現而已。在深一層的，還有情感的存在，如父母子女之情、兄弟姊妹之情、朋友同事之情。這些情感出現在我們的日常生活中，好像很普通平常，但卻是支持了我們生活的精神。譬如父母為了子女可以犧牲一切，這是精神在情感中最偉大的表現。

3. 神在心知上

在心知這一層次上，儒家講的「聰明睿智」、「知人」、「良知」，總括為理智，顯然是正面的，所以「知」是「知仁勇」的三達德之一。至於道家，老子講「智者不言」，又講「慧智出，有大偽」，莊子講「大知」、「真知」，又講「知者，爭之器」，可見有正面，也有負面。中國禪宗一面講般若之知，一面又批評世知小慧。他們的知也有正面、負面二義。然而無論如何，他們似乎都把「知」和「神」分開，如孟子「聖而不可知之之謂神」，莊子「夫明之不勝神也久矣」（〈列禦寇〉），僧肇「般若無知」（〈肇論〉）。其實，心神和心知雖然是兩個層次，但心知不是純為知識、知性之事。而其中似有「神」，如《易經‧繫辭傳》的「精義入神」、莊子的「知通於神」（〈天地篇〉）。所以在這裡也可以看出「神」在心知上的作用，有以下四個特色：

⑴ 清明

我們常說「神智」清明，即是指我們的心知純淨無欲。孟子說：

「其日夜之所息，平旦之氣，其好惡與人相近也者幾希。」（〈告子篇上〉）

所謂平旦之氣，就是清晨心知無欲的清明之氣。也就是說這時，我們的心知不為七情六欲的意識所污染，而能保有原具的良知。

⑵明誠

《中庸》上說：

「自誠明謂之性，自明誠謂之教。誠則明矣，明則誠矣！」

「自誠明」，是指內心合乎天道而至誠，再由至誠而明白事理，這是由性中自然的流出。「性」是心神的層次，而「明」就是「心知」。另外一路是由明理的「心知」下工夫，而達至誠如神的境地，這是教化修養的努力。無論是「誠明」或「明誠」，都說明了「心知」有誠的精神作用。

(3) 能思

「心知」的最大作用在「能思」，這是人和其他動物最顯著的不同。「能思」就是能考慮、能反省、能回憶、能計畫。《大學》上說：

「知止而后有定，定而后能靜，靜而后能安，安而后能慮，慮而后能得。」

這裡的「慮」，就是「能思」，能思慮周詳，這樣便能所思如有神，使我們的理智產生精神的作用。理智常被視為冷靜的分析，客觀的認知。但當理智發揮了作用，在我們的意識中，指導我們如何去應付七情六欲、如何去安定情緒，也就是說從思考中理智發揮了它的精神作用。

(4) 能辨

「心知」的基本作用是能知。但「能知」，只是一種知的性能。「知」了之後，能分辨是非、善惡，而有所取捨。如孔子說：

「君子喻於義，小人喻於利。」（〈里仁篇〉）

我們的「能知」，自會知道什麼是義、什麼是利。但在義利之間有所分辨、有所取捨，卻是理智的精神作用，使我們對義有所堅持，對利有所權衡。

4. 神在心神上

「心神」是在道的層次上。所以這個「心」即是真心，這個「神」，即真心的無所不知，所謂「神而明之」，也即真心的無所不化，所謂「神而化之」。這是精神的至高境界，它不為軀體所物，不為意識所左右，而能使心知向上提升，轉知為德，轉知為智慧。在這個層次上的精神，大約有以下四個特質：

(1) 空靈

此處「空靈」並非如佛學講的「空中妙有」，因為它不是空的，而是指精神本身的不為形體所拘，不為物欲所累，完全是一種超脫的境界。所謂「虛靈不昧」，即是指真心或精神的空靈。

(2) 無欲

道家講「無欲」，這只是文辭上的描寫，其實在我們日常生活上要做到無欲，幾乎太困難了。即使老子講「使民無知無欲」（第三章），但真正做起來，還是「見素抱樸，少私寡欲」（第四十九章），只能做到「少」和「寡」。所以在軀體和意識的層次上，我們也只能少私寡欲而已。不過在心神的層次上，我們的精神可以達到無欲的境界，就像慧能描寫的自性：「本來清淨」，毫無污染。

(3) 自然

「自然」兩字在《老子》書中常被解作「自己如此」，也就是說，不受在它之上的任何存在的支使，也不受外在任何事物的影響，它是自然而然的。莊子描寫「道」的自本自根，這個最高層次的精神也和道一樣。孔子說：「七十而從心所欲，不踰矩。」(〈為政篇〉)即是指他的心完全和天道、天理一致，而無任何乖違。我們常說精神的自由、自在，或莊子的逍遙無拘，就是這種境界。

(4)無知

這裡的「無知」，並非像佛學上「無明」的無知，也不是沒有知識的無知。這個「無知」，不在軀體上講，不在意識上講，而是針對「心知」而講的。前面我們講精神在心知的層次上，都是就正面來說的。不過「知」也有負面的意義。因為用知過度，而成知的障礙；或執著於知見，自以為知；或者把知當作工具，以求名逐利，滿足私欲。所以這裡的「無知」，是針對「知」的誤執誤用而要超脫知見，莊子所謂「以無知知」。這裡的「無知」，是真知、真心，也即精神的至高境界。

(5)精神提升之道

前面已介紹「神」或「精神」的四個層次，接著我們再討論精神提升之道，因為古代各種修養和修鍊都在提升精神，而今天我們常聽到精神的淨化或心靈的淨化，也都是屬於這方面的努力。現在先以圖表說明主要的方面：

①世俗——精神旺盛

一般人以為精神的旺盛為精神的提升，他們在氣上努力，強調意志力、企圖心，拚命在肉體上做工夫。譬如某種心理學的團體，如所謂魔鬼營之類，訓練人的堅忍力、減少睡眠的時間等等，這就像蠟燭兩頭燒，雖然一時光亮，但很快就會耗盡自身的能源。最近一本西方醫理學的書：*Lights Out: Sleep, Sugar, and Survival*（by T.S. Wiley and Bent Formby）認為，今天人類違反大自然的節奏，深夜工作或娛樂，而產生了各種毛病，如肥胖、糖尿病、心臟病、癌症、精神抑鬱等。這就是過分強調精力旺盛，以致耗盡能源的毛病。

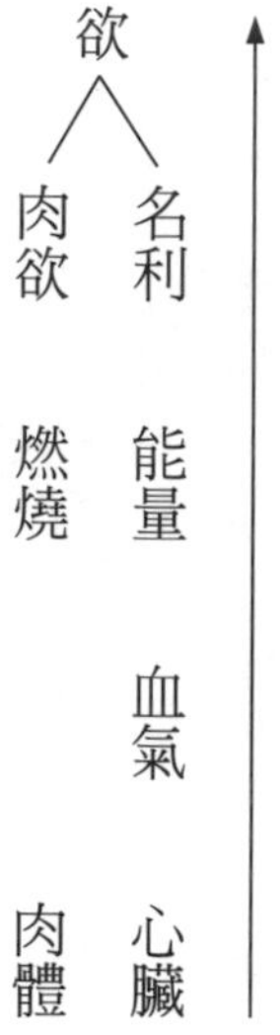

表 4

②道教——寶養精神

道教的修鍊，包括其他的修鍊者，他們藉打坐或瑜伽的方法，以控制肉體，而促進氣的上升，到了最高境地，又化氣為神。在這裡出現兩個問題，第一個問題是，如果氣化不了，非但成不了神，這個氣聚集而強大，以致衝垮了自己，這是一般所謂走火入魔，現代醫學上就是中風。第二個問題，即使氣轉化得了而成神，這個神畢竟由氣轉化而來，除了「虛」之外，恐怕也只是虛而已。

化氣為神

寶精　行炁　服藥

瑜珈　靜坐

修鍊

心臟　肉體

表 5

③道家、禪宗——精神自然

修道者，如老莊的道家或中國禪宗，他們著重在寡欲或無欲，如：「為道日損，損之又損，以至於無為」（老子第四十八章），或「絕學無為閒道人」（永嘉證道歌），他們由日損其欲，或超絕世俗名利之學，以達到無為自然的境界，他們儘量不燃燒能源，也不依賴氣的衝力，任真心自在而行，以達到精神的空靈境界。

真我　無為　寡欲　心臟 肉體 自性

表 6

④儒家——精神清明

儒家的修養，注重血氣的變化，同時著重在人性的培養，如農夫的灌溉幼苗，日日不忘疏導之功，從變化氣質，涵養善端，使德行日新又新。德行的日增，與精神的提升，是合一而行的，所以德行的至善即精神的至高境界。

神德行　修養　德行　心臟 肉體

表 7

第五章 心的轉化

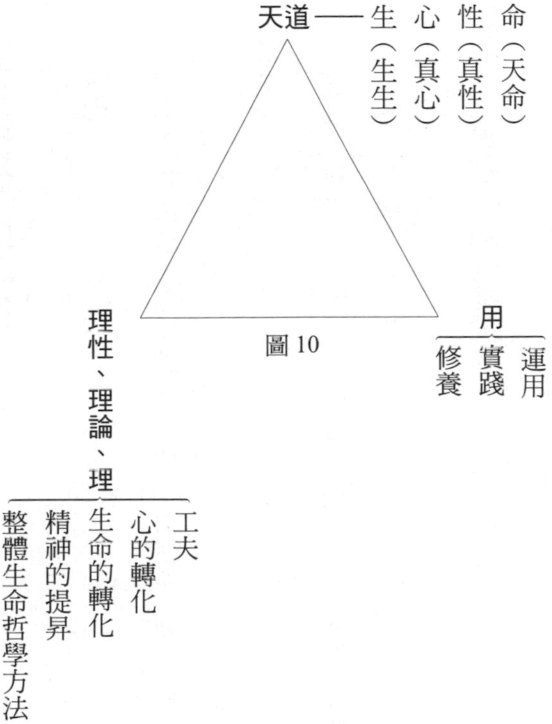
命（天命）
性（真性）
心（真心）
生（生生）
天道
用
運用
實踐
修養
理性、理論、理
工夫
心的轉化
生命的轉化
精神的提昇
整體生命哲學方法

圖 10

1. 由心臟到心意的轉化

(1) 原則

由肉欲到情意，由衝動到有情，由body到mind。

(2) 方法

瑜伽、靜坐、太極拳、熄燈睡眠、生活規律、健康食物、養身之道、少私寡欲（老子）、忘適之適（莊子）。

2. 由心意到心知的轉化

(1) 原則

擺脫肉欲，由肉欲轉至情愛——情可沖淡欲；順服心知，由情愛轉到理智——知可節制情。

⑵工夫

能靜、能徐、自反、能推、能退、能忘、知止、知足、貴和。

3. 心知上的轉化

⑴原則

作用——向下降至心意以調節心意；提升——向上化知為德、為神。

⑵工夫

①為學日益：擇善固執——恆心；理知分析——分辨；懲忿窒欲——去私。

②為道日損：少私寡欲——減欲；絕聖棄知——不執；虛心弱志——柔弱。

③轉知為德：致知誠意——致誠；知行合一——力行；知而不知——自謙。

④化知入神：乾知大始——大；神而明之——明；陰陽不測——化。

4. 心神的提升

(1) 原則

大用——道在日用；虛體——神無方。

(2) 工夫

①大用：顯諸仁、存諸用、神德行、神而明之、神而用之、妙萬物、生生不已。

②虛體：虛其體、無其用、空其心、化其神。

第六章

心的轉化與儒道禪三家的修養

1. 心的轉化與儒家的修養

(1) 儒家原理

孔子的直心、孟子四端之心、荀子意志之心、大學的正心、中庸的誠心。

(2) 儒家工夫

忠恕的一貫、由仁到義的推擴、八條目的修養、西銘的大孝、知行合一。

2. 心的轉化與道家的工夫

(1) 儒家修養與道家工夫的比較

儒家修養	道家工夫
道德	心性
由內到外	重內在
在事上磨練	截斷外力
有為	無為
有己	無我
有標準	無標準
學聖人	求真我
先由內至外再向上提昇	先向上提昇再對外轉化

表 8

(2) 道家工夫

老子的弱志虛心、莊子的喪我忘物、神凝與心齋。

3. 心的轉化與禪宗的證悟

(1) 禪宗證悟與儒道修養工夫的比較

儒道修養	禪宗證悟
心性	佛性自性
內外上下	頓斷
言語心行	言語道斷心行處滅
有無	空
聖神	佛
轉欲化情	無欲無情
生生不已	無生而生

表 9

(2) 禪宗修證

達摩外息諸緣；慧能識心見性；馬祖平常心是道；黃檗無心是道；由無自無他到物我皆真的轉化：《金剛經》與達摩的無自無他，中國禪的本來面目，中國禪的本地風光，萬法歸一、一歸何處。

4. 儒道禪三家在心的轉化上的比較

儒	心智	修心	聖人	下學上達	由內而外	天人合一（天在人）	內聖外王
道	心神	養心	神人	上達	內凝	天人合一（人在天）	內聖不講外王
禪	心性	識心	自性	上下空	內外不住	不講天人合一（一切空）	廓然無聖王

儒	有	道德形而上化	愛物	即煩惱解決煩惱	我在倫理關係中
道	無	人物形而上化	化物	即煩惱消除煩惱	我超脫一切關係
禪	空	形而上畢竟空	物真	煩惱即菩提	我在無我之中

表 10

5. 道家的無與佛家的空的比較

無	空
工夫	空理
用	體
對有	對相
明道	明性
緣有而無	緣空而空
雖無而有	畢竟空
虛而無	觀而空

表 11

6. 虛和無的比較

虛	無
修養	工夫
漸	漸
歷程	結果
德性	自性
德	道
陰陽	太極
寡欲	去欲
氣	理
心	性

表 12

第七章
心知在轉化作用上的重要性

1. 人的不同於其他動物

(1)不在肉體

人和其他動物的不同，不在肉體，因為在肉體上，人和其他動物相差不大，人和動物同具五官，能視、能聽、能食，同具心臟，及肺肝等。甚至在肉體上的基本欲望，如生殖、飢食、渴飲等也大致相同。

⑵在心意

人和其他動物主要的不同，在心意。在心意的層次上，也有部分相同，但所感受的程度，卻不甚相同。譬如狗也愛主人，忠於主人。許多高等動物也有喜怒的情緒，如狗吠和搖尾等表現。除了人特有的心意識和其他動物不同外，還是由於人的心知的作用，使這種不同，成為程度很大的不同。譬如狗也有發怒的時候，但狗的發怒，純是刺激反應，屬於本能上的作用。可是人在發怒時卻不然。他們心中知道自己在發怒，發怒的對象是誰，和自己的關係是什麼，也知道自己為什麼而怒，雖然有時怒得失去理智，這是因為心知的作用消失了。相反的，心知如果在我們的心意之中產生作用，我們發怒時，還會自己想到後果如何？甚至，加以自律，不去發怒。總之在這些情緒發作時，人的心知卻在其中產生了作用，這是其他動物沒有的特性。

2. 人和其他動物最大的不同在心知

其他動物絕對沒有心知的作用，心知是人所特有的。就人性和物性的不同來看，人的心知也許就是人性的別名。古哲有性善、性惡之論，卻不易說得清楚，但如果說人性本具有心知的作用，這是人性所獨具的，也不為過分。也許有人批評人一生出來，沒有知的性能，這是後天學習的。其實不然，動物不知去學，即使去學也學不得知識。因為牠們的心性中沒有心知的性能。人從嬰兒、孩提，而至成人，一路學來，知識不斷累積，不斷增進，這可見人的心性中具有心知的潛能，人的心知可見者如：

- 人能知道自己會死，動物不能。
- 人能有自反的作用，動物不能。
- 人有關心別人的情懷，動物沒有。
- 人有為了所愛的人犧牲、負責的精神，動物沒有。

人從出生以來，一路的發展，由知識而理智、而德性、而智慧、而至德，這是人的心知的發展，也是人心自然的發展。這是人性中的心知的開花結果。

3.心知在心的四個層次上是屬於心意之上的第三個層次

心理學家的研究都把心意識包括了一切，所謂心知也只是屬於心意識的一部分。據某些西方心理學家的看法；心知的「知」，都半來自於道德理知，這都是由於傳統的知識，或父母親的教導，這些都是屬於外在加入的，而不是屬於純粹自發的心意識，所以他們把那些知識都當作super ego，而成為ego抗拒的對象，自然是排在心意識之外了。其實我們所謂心的四個層次都屬於一個心，都屬於心的作用。層次的高低並不是指分開的、獨立的四個階層。就像血液在全身的循環，有到腳、到腰、到胸、到頭的部位不同，而有高低的說法，雖然在腳、在腰、在胸、在腦的作用也有所不同，但都是屬於血液的，都是相通的。同樣，我們所謂的心的四個層次，儘管層次上有分別，但都是屬於心的作用。儘管道德的教條是知識，是外在的，同時，它也能影響內心而且深植於心。古哲說人心中有良心和良知，這個「良」被解作「善」、「好」，或「是非」的「是」，似乎屬於道德判斷，是相對性的知識。其實，這個「良」的原意是本具、本有的意思。「良心」和「良知」都屬於心中本來具有的。由於這個本來具有的性能，才使得外在的是非、善惡的道德觀念，和內心相應，而加以吸收、融入，再轉化成心知。當它們轉化成內在的心知後，它們便成為自發的心知。當然轉化的程度有不同，轉化得不好，會變得很粗糙，而有排拒的現象。相反的，轉化得好的，融於無形，深入而自然，變成了後天的良心、良知，也形同自發的。

雖然我們把「心知」放在第三個層次，但它的作用並不是停在第三個層次，而是向下到第二個層次的意識中去產生作用，這個作用約有五種情形：

⑴制止的

這就是由於外在學得的知識，如道德教條或經驗性的知識，使我們在情緒發作時，加以制止，譬如你在怒氣上升時，面對你的父母親，你的道德教條告訴你，不該對父母親發大脾氣，而加以節制。或面對你的上司，經驗告訴你，不能發大脾氣，否則你會被開除。總之，這個「心知」，就像汽車的煞車，而不是喇叭。煞車是直通車輪，而加以制止。喇叭則叫了半天，未必能奏效。

(2) 教導的

這也是由於傳統的道德教言和流傳的經驗知識告訴我們，如何去應付我們的情緒，如何去培養我們的情感。這和前面外在的克制不同，而是把道德教言，變成內心德行的指導原則，再加以經驗上的磨練，而成為自己能運用的指導原則，這就是中哲所謂的心性修養。

(3) 調適的

這點是由前一點的指導，再進一步變成內在的心知，當外面的情境發生時，我們的心知能分析外在的環境，而使自己的情緒發展出來之後，達到與外在環境中和的境界。即是《中庸》所謂：「喜怒哀樂之未發謂之中，發而皆中節謂之和。」這一點和前一點不同的是，前一點是把外在的道德教言，變成內在的指導原則，以修養德性，這一點是由內而外，與外在和諧相處。譬如當我們遇事而發怒時，我們控制情緒而不發，這是第一點。我們知道要心平氣和，不能隨便亂發脾氣，這是第二點。我們由內心而發，該怒而怒，該不怒自然不怒，做得恰到好處，這是第三點。

(4) 軟化的

這是把道德教條軟化為道德良知，把處世的經驗轉化為內在的心知，使我們的心知不是硬邦邦的知識，勉強的加在我們身上，非常不自在。很多心理學家或一般人，都把道德看作宗教上的戒律一樣，逼著人去守持。相反的，這裡所謂的軟化，就是這種心知，非常細膩的、柔軟的，融入了我們的心意識中，和心意識合成一體。使我們自然的行也柔，言也和，即使有情緒，也不暴躁，而傷人傷己。就像一般的說法，神經很粗的人，不敏感，什麼事都能大而化之，想得開。

(5) 不自覺的

這一點不同於以上四點，連心意識都超脫掉了。我們可以用禪宗的臨濟四喝為譬喻，第一喝「金剛王寶劍」，是斬斷對方的情意識，第二喝「踞地獅子」，是喝斷對方的一切欲念，第三喝「探竿影草」，是探察對方的意識反應，最後「一喝不作一喝用」，是自然而然，雖有一喝，卻不執著這喝。也就是無心無意而喝，連自己的心意識也不存在。同樣，這裡所謂「不自覺」，就是心知化於無形，而無「心知」之相。這好像有點玄味，心理學家常講潛意識，他們的作法是把潛意識中某些病根浮現，而予以診治。如果引用這點，那麼此處的「心知」微細得有如老子所謂「無有入無間」，能「不自覺」地進入了潛意識中，去把癥結化於無形。

由於以上五點，可以說「心知」能在心意識中產生作用，使我們的情緒、欲望得到消解、轉化，這是人心和人性的特色，也是人之不同於動物的地方。

4. 心知下貫於心意後，又把心意提升到心神的作用

在這裡需要特別注意，這並不是說心知直接進入心神。雖然從心知直接進入心神的例子也很多，譬如知識的研究，學術的探討，或冥修的工夫，都直接從心知去論心神，或超越知而入神。但在這裡，所謂心知先下貫於心意，再向心神提升，這是把心意和心神連接起來，而「心知」好像是一個媒介，但這個媒介非常重要，並非如俗語說男女結合後，把媒人拋過河。在心知把心意和心神相接後，心知一方面融入了心意和心神之中，另一方面卻產生了更大的力量，脫胎換骨，變成了真知。「心知」的這一作用，有五種情形：

⑴篩檢的

這是說我們心意識中的七情六欲，有很多是粗糙的、衝動的、不安的情緒，在經過「心知」的轉化，向心神方面提升之後，自然的，那些不好的成分便被篩檢掉。張載在《正蒙》上說：人是由氣化而成，氣的重濁者下降為肉體，清虛者上升為性靈，所以他強調變化氣質，把有質的氣，變化為精神。那麼同樣的，這裡「心知」的作用就是把氣質的意識篩檢過，讓清虛的意識能向上提升。

⑵不執或超越的

「不執」是佛學名詞，「超越」是西方術語，中國哲學則兩者兼而用之，但又不被這兩個名詞術語所束縛。此話怎講？譬如：老子的「絕聖棄知」的絕聖是不執著自己以為聖。莊子的「喪我」、「外物」、「是非兩忘」就是超越的意思。《易經・繫辭》的「陰陽不測之謂神」，即是超越了陰陽的意思，孔子的「予欲無言」和「朝聞道，夕死可也」，也都含有超越的意味。但中哲卻不把這兩個名詞術語當作名詞術語來慣用，就是為了避免名詞術語本身為名詞術語所限，而失去了真正向上又向下的活用精神。譬如慣用了「不執」，便會對任何事物都不執，而掉入了空相的執著。慣用了「超越」，便會脫離現象界，而躲入形而上的象牙之塔內，為形上所縛，反而超越不了。雖然中哲不慣用這兩個名詞術語，但卻運用了它們的作用，就是「心知」本身對「知」的不執和超越，老子「棄知」的「棄」，莊子「知止於無知」的「無」，孔子「吾有知乎哉，有鄙夫問於我，空空如也」的空，都是對「知」的一種不執和超越，這樣「心知」才能向「心神」的層次提升。

(3) 真實的

我這裡的「真實」，如用英文翻譯近乎reality，而我不用真理兩字，英文是truth，因為真理是屬於非常理知的層次，常人用「真理」兩字都含有高高在上，固定在那裡的一個真的道理，我們說追求「真理」，又含有高不可及的意思，總之這個「真理」是在上的，在外的。可是Reality翻成「真實」，除了也含有「真理」的真之外、還有一個實事實物的意思。莊子書中的「情」字，有些地方可翻成reality，因為是萬物的實情。在這點上，我們說「真實」，是由「知」的實，而到「神」的真。我們在中國哲學上常說真人、真心、真我、自性，都是真實存在的，但又和肉體上的存在，和心意的作用不同，而是由「知」提升為「真知」，所以莊子的真人講真知，慧能的自性是般若智慧。但這些真知、智慧，不是空無，而是真真實實的。

(4)空靈的

這裡說的「空」字，當然和佛家的「空」是相似的，但加了一個「靈」字卻不同了。這個「靈」字在中國文字上，常和其他字連接使用，如神靈、靈魂、靈性、靈明等等，這樣的接合，又都含有神祕的色彩，甚之被視為神祇。因此這裡在「靈」字上加了個「空」字，而為「空靈」，既是空，而不偏於頑空；既有靈，而不屬於神祕不可知。當「心知」提升到「心神」的層次，便不是知識的知，外在道德教條的知，而是智慧的知。智慧兩字如照佛學的翻譯是來自於梵文的般若。依照僧肇的「般若無知論」，便可見這種般若的智，不再屬於一般知識、聰明才知或理知的知，而是呈現出一個心神上的空靈境界。《易經‧繫辭傳》上所謂：「神者，妙萬物而為言」，「妙」就是空靈。上面說的真人、真心、真我，或自性，雖真實，但非形體的真實，而是空靈的真實。中國佛學上說「真空妙有」，也表現了這種作用。但我們在這裡強調的，還是由「心知」向上提升到「心神」的作用，是兼有「知」和「神」的空靈境界。

⑸大用的

「神者，妙萬物而為言」，可見這個「妙」是連接在萬物上的，是指萬物生化之妙。如果前面講的真人、真心、真我、自性都停留於高高在上的層次，而不能下通萬物，便如禪學所謂的「鬼窟裡做活計」，或西語所謂的「躲在象牙塔裡」，譬如某羅漢在深山的洞窟裡打坐了四十年，打坐工夫了得，可是卻不見人間煙火，無異於死在洞窟之內。所以當「心知」把「心意」提升到「心神」的層次後，這時「意」「知」和「神」的三個層次完全打通。這時的「心知」，有神的空靈，再回到心意的層次去待人接物，便能得心應手了。這時的心意藉心知的作用，和心神合成一體。這一轉折，即我們所謂心的轉化作用。譬如我們寫文章，經過了構思之後，突然靈感產生，而用筆如有神，用筆是意，構思是知，有神是神。又如《易經・繫辭傳》所謂「精義入神以致用」，「精義」是「心知」的工夫，「入神」是提升到「神」的層次，「致用」又回到心意所面臨的人間，又回到現象界來產生大用了。

以上所談的四個層次，對於血氣的心臟，略而不談，這是因為肉體的結構和身體的發展，自有生理學家、醫生或科學家去談，他們研究得很仔細、很切實，但仍然是屬於肉體的範圍，而與心知的作用關係不同。我們只要遵循生理學家或醫生的指導即可。

在心意部分，都屬心理學家所研究的範圍，近百年來，心理學家大行其道，研究者人才輩出，研究的成果也非常卓著。但他們都採取生理學家、醫生，和科學家的許多知識，在這方面，我們尊敬他們的成就，也不想置喙。

在心知部分，似乎應該屬於哲學研究的範圍，因為西方哲學philosophy的希臘原文早已表明是愛知。中國文字的「哲」最早的源頭也來自書經的「知人則哲」，可見哲學無論中西兩方都著重在「知」的研究。不過西方哲學偏重於觀念的分析和外在的知識；而中國哲學著重在內心的修養及待人處世之道。在這裡，我們所講心的轉化工夫，自然屬於內在「心知」的轉化作用。所以「心知」是其中的主角。是先向下進入意識，再向上提升入心神的修養工夫，所謂修養工夫，表示這不是在「知」

上的分析、研究；而是在心中去體驗，在生活上去實踐，在事物上去磨練的工夫。

5. 心的轉化是上下的交互提升

由心知到心神是一種提升，也是我們所謂的一種轉化作用。而由心知達到心神後，在一般的道家，或佛家的說法，即進入至德，或智慧（般若）的境界。但由心神又下貫到心知，這好像是下降，其實這是一種轉化作用，而非下墜，也不是一種黏著，舉個例子來說，某些從事科學研究的學者，突然又迷於神祕的事物，如某些華裔工程師，為中國某些神祕的特異功能鼓吹，這是一種下落，而不是轉化的作用。轉化的作用是空靈的，而非黏著。我們所謂心知提升到心神後，又下貫到心知，這是一種空靈的轉化作用。正如由知轉為德之後，再由德轉到知，經這一轉折的知已不是片面的知識，而是大全的真知，由這個真知下貫到意識界或現象界，便能產生大用。譬如一位大學畢業生，無論他學的是那一科，都有相當的知識水準，但那畢竟是局限於某一知識範圍，或屬於心知中的某一小部分。可是當他的心知提升到心神的階段時，他進入了德和智慧的境界，他體證到無我的大我，無執的真我，他領悟到大愛、慈悲，他誓願服務人群。但服務並非空口說白話，而是需要服務的知識和技能，實地去做的，於是他又由心神轉到心知，也就是由德轉化到知，去實際地到社會中去產生大用。這一發展是由知到德或神，再由神或德到知的轉化。《中庸》裡很明白的說：「誠者非自成己而已也，所以成物也。成己仁也，成物知也」。這也就是說真正要助成萬物的生化，單有仁之德是不夠的，還需有相當的知識或待人接物的智慧。這也說明了由神到知，由德到知，或由般若到世知的重要了。

6. 心的轉化作用的簡易可行

一般都把這四層次的心的轉化作用看得很困難，不易突破。他們認為知識和道德是兩個系統，很難互相轉換，他們認為懂得道德的知識的人，未必能行道德。這是把知識和道德都當作外在的知識和行為，而不是心中的知和德。另外又有人把由知提升到神的境界看得很難，如道教的修鍊成仙，佛教的修行成佛。這也是把仙和佛看成外在的、高高在上的成就，而不是內心的境界。

其實，這些層次都在心中，並非截然不可分的範疇。由心知到心神的提升只是

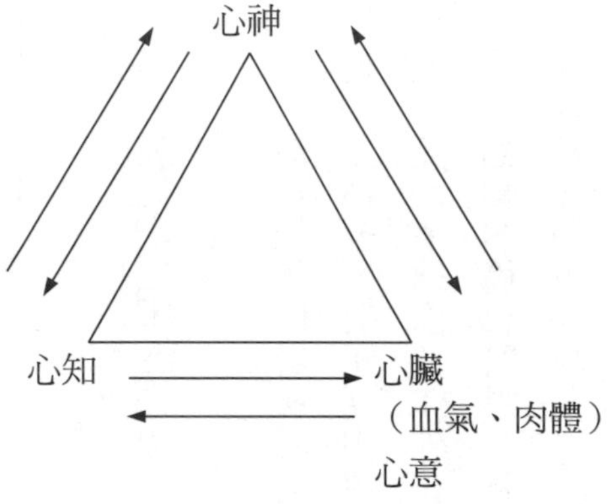

圖 11

一念之轉，而心神由一念之轉後，又很自然地通過心知而作用於心意識之中。慧能所謂「前念悟即佛，後念迷即凡夫」。這一念本在心意中，可是這一轉，卻突破了四個層次。所謂「轉化」即是向上的提升，而不是向下的墜落。心知提升到心神，再下貫到意識，也是一種提升後的轉化，而不是向下沉淪。所以提升和轉化都是心的作用，很容易打通、突破，不需要苦修、苦煉。用整體生命哲學的三角形來表示，即圖11。

這圖表即說明這四個層次的互相影響，及互相轉化與提升。

7. 轉化的兩個基本德行——知足與恕道

中國哲學文化強調家庭，中國人最大的目標是家庭的快樂。而家庭的和樂很容易達到，比起釋迦牟尼為了追求生命的永恆，離開家庭，到深山中去苦修要容易多了。因此也培養出中國人容易滿足的個性，於是老子便以「知足」為最重要的德性，所謂「知足之足，常足矣」（第四十六章），即俗語所謂「知足常樂」，說得高一點、深一點的是「樂天知命」，也為儒家所推崇。

「知足」是人類德行中最不起眼、也是最通俗的一個德行，但卻是最基本的。在這裡用「知足」來詮釋「心知」的作用。如果在心知上我們能體證到知足的重要，能知足常樂，那麼這個知足的心知下貫到肉體的血氣之心中，便會使我們的五蘊降溫滅火，使我們的心臟血管由賁張而氣緩，身體自然比較健康。接著「知足」的「心知」通貫到心意識中，使我們對付七情六欲不靠道德等教條從外面來節制它們，而是釜底抽薪，知道滿足，自然欲氣不強，火氣全消。因為我們「知足」，當然不會受「貧、瞋、癡」所毒。佛學上羅漢的修持在滅欲，這個「滅」字用得太快太粗，反而吃力不討好，有時滅了又生，還不如「知足」來得輕易而自然。所以「知足」在心知上可以提升心意。

西方心理學家把道德看作傳統加在ego自我身上的壓力，變為造成自我困境的主凶。但他們看不到傳統中國哲學對「知足」的教言，這是真正從人性根本上來軟化我們心意識的過份擴張，以致造成欲壑難填的大病。

再說這個「知足」在「心知」的層次上，也會使我們不致盲目的對「知識」的追求，而忘了德性和生命的重要，正如莊子所謂：「生而有涯，知而無涯，以有涯逐無涯，殆已。已而為知者，殆而已也。」（〈養生主〉）「已而為知」，就是「知」的驕傲，自以為知。今天科學騎在自己製造的科學的猛虎背上，下不來，就是這種困境。

這個「知足」在「心知」上達於心神，也會使我們不執著於「心神」。王陽明初期好道，曾在陽明洞內修鍊，據說有前知的神通，後來他發現這些小技只是玩弄精神，不是正道。在心的修養上到了心神，已是最高的層次，按照中哲的思想，無論《易經》、老莊、孔孟，都認為任何事情發展到最高都會物極必反，因此要知返。尤其精神發展到最高時，也最危險，精神最忌滿、忌實，否則便會怪力亂神。所以心神最重要的特性是虛，虛才能靈、才能明。而「知足」之德就會使我們在心神的提升上不會過頭，而能「知止」、「知返」，而能返純歸璞。

《維摩詰經》中，佛陀以一腳踩地，娑婆世界的紅塵髒土，立刻就變成了清涼淨土。可是只有佛陀的腳才有如此功力，我們平常人踩破了腳，還是在滾滾紅塵中。

因此我們只有如莊子所謂「安之若命」了。我們不必怨、不必悲，因為我們有一個中國哲學的法寶——知足。中國人常說：「人間樂土」，這個「樂」字大有文章，什麼是樂、什麼是真正的「樂」？我們不知淨土是什麼，但據淨土宗的《阿彌陀佛經》的描寫西方極樂世界，滿地是鑽石珠寶，我們看了，那有淨可言。我們講「人間樂土」，這個「樂」字卻是我們唾手可得，能夠很容易抓得到的。這個「樂」不在滿地是鈔票，十幾年前，台灣人自許有錢，鈔票淹腳踝。但台灣是淨土嗎？台灣人快樂嗎？可見真正的淨土，真正的樂土不在天上，不在外面，不在財富，不在名利，不在每個人追求的目標，而在心中的知足。中國人間佛教高僧慈航曾說：「心淨則土淨」，其實心淨就是知足，知足則少私寡欲，知足就能消滅麻煩的製造者——無明。原始佛教講十二因緣：即無明、行、識、名色、六入、觸、受、愛、取、有、生、老死。其中，無明、行、識是前生的業力帶來的，名色、六入、觸、受，又是屬於肉體的，無法選擇。因此只剩愛、取，有三者是今生我們可以對付的。愛、取，有是屬於心意識的作用，如果我們的「心知」的「知足」能在這三者上消滅它們的欲望執著，使我們的愛能正愛（八正道缺此），取能少取（少私寡欲），有能不佔有（生而不有），這樣的話，我們的生命不會種下痛苦的因，即使有「生」、

「老死」，也能任其自然，如莊子所謂「善其生者，善其死」（〈至樂篇〉），我們便不會被生、老、病、死所苦了。

以前，筆者在講儒家哲學時，特別強調這個「恕」字。認為這個「恕」字最能作為未來世界的一個基本德行，因為它是一種德行，卻沒有「道德」那種教訓人的氣味。因「恕」的意義是「己所不欲，勿施於人」。「己所不欲」是滿足每個人的心理需要，是人人都很容易感覺而接受的，每個人都很清楚的知道自己所不要、所不喜歡的事物，這在我們心意識的七情六欲中也是最基本的情緒、欲望。甚至可以說是不學而自然的良能。至於「勿施於人」，便是從這種自然的良能出發，經過「心知」的推理，即由「同理」心，而轉為「勿施於人」。這個「勿施於人」也是很簡易平實，我們說佛教的布施，要把財物和自己心愛的東西贈送給別人，當然在心理上還有許多捨不得之念，所以佛教特別強調「捨」，可是恕的「勿施於人」，根本沒有用你任何東西施給別人，你根本沒有施捨什麼，只是「勿施於人」而已。這樣不花本錢而利人利己的事，還有什麼難行難做之處。

今天，我們講心的轉化作用，以老子「知足之足常足」的知足，和孔子「己所不欲，勿施於人」的恕道，為最基本的德行，其實也是最根本的推行的原動力。可以由下而上的提升，可以由內而外的轉化。這是使我前面講了那麼多心的轉化的理論，不落於文字語言的戲論，而在每個人的心中都可以落實在生活上，一言一行上，再推而至未來的世界。如果未來的世界，有一些大家共識的德行的話，那麼知足和恕道，可能是最基本的了。

第八章 心的四個層次的性能與提升的意義

肉體——血氣	特質	健康、虛弱、病態、殘疾、肉欲
意識——情欲	性能	平和、偏激、病態、慾望
理智——知識	特性	道德、理性、邏輯、聰明、計算（計謀）、思慮、反思、良知
精神——神明	特色	清明、空靈、智慧、黑暗、混沌、神明、上帝、佛、菩薩

表 13

1. 肉體上的問題

⑴ 肉體上的是心臟、物性、形軀

肉體上的心是心臟，性是物性，我是形軀。在這方面大都是天生自然的。這包括了遺傳及ＤＮＡ。這方面當然都歸於物性，是生下來就如此的，當然其中也有後天的影響，如健康的忽略，或營養的失調等。

⑵ 肉體影響心意

- 肉體的強弱會影響情緒的變動，如心臟、肺活量、四肢等。
- 形體的美醜、身材的高矮也會影響情意識。
- 佛教說五蘊熾盛是八苦之一，也就是說五官和欲望有關。

(3) 意識影響肉體

・心理的不平衡影響健康。
・情緒緊張影響心血管。
・七情六欲影響身體的正常。
・過分衝動、暴躁影響身體的安全。

(4) 肉體與意識之間的交互影響

肉體與意識之間的影響，有的明顯，有的微妙，有的卻是互相循環的。明顯的，一般人都可以察覺。微妙的，需醫生的提醒，或心理醫生到潛意識或夢境中去探尋。互相循環的，可能還加深了病體。然而不論如何，這種影響的結果都是屬於個人的或局部的，還算得上是單純的。

2. 意識

(1) 包括一切心意識

這一層面包括了一切心意識的作用。簡單的說，即是近代西方心理學家所涉及的一切心理作用，這包括了情緒、感覺、欲望、愛戀，及一切心理上的毛病等等。

(2) 七情六欲

就中國哲學來說（事實上包括了中國文化、語言、心理等方面），即所謂七情六欲。七情根據〈禮運篇〉所說，「所謂人情：喜怒哀懼愛惡欲，七者弗學而能」，佛家也有七情，是「喜怒哀懼愛憎欲」，其中惡和憎是一樣的意思。至於六欲，《呂氏春秋‧貴生篇》上說：「生、死、耳、目、口、鼻。」。佛家〈大智度論〉上說：「色、形貌、威儀姿態、語言音聲、細滑、人相。」事實上，六欲的分別欠清楚，而且根本上可歸入七情之中，在七情裡的最後一項「欲」，可包括了六欲，而且七情中的「欲」遠比前面六種欲範圍廣大而複雜，可以包括所有的欲望、欲念。事實上，「喜怒哀懼愛惡」屬於情緒、感覺、情感，都可歸為「情」。再加上七情中之第七點「欲」，這個「欲」包括六欲。那麼七情歸結起來就是「情」和「欲」，也即一般所謂情欲。但一般人指情欲為肉欲、性欲，事實上應泛指一切的「情」和「欲」，而這些都構成了意識中的主要部分。

(3)情感和性

這些「情」，或情緒、情感在中國哲學上來說，並沒有任何不好，如《中庸》上說：「喜怒哀樂之未發謂之中，發而皆中節謂之和」，可見「情」到「和」處是最好的境界。但反過來說，「情」到「不和」處，便產生了問題。可是為什麼不和？是什麼因素使它們不和？要回答這個問題，便需要先探討這個「情」是從那裡產生的。當然不是從天而降的，而是和我們的肉體有關。在這裡使我們想起了古來對這一問題的討論，中國古代哲學家都把這個情和性字連接在一起。一般儒家如孟子和宋明理學家都把這個情連接在形而上的性上，由於這個性超乎現象，所以他們都無法進一步去剖析。另一種，也是極少部分的儒家如荀子，也把情連接在性上，但這個性卻是肉體的，即是物性，如荀子說：「精合感應，不事而自然謂之性。」（〈正名篇〉）顯然這個性是肉體的欲，如告子所謂「食色性也」。這些性論都是指肉體上的基本欲望。這是自然的需求，雖是欲，但卻是保護生命的欲求，所以這些哲人稱之為「性」，以避免和負面的欲望相連。這個「性」，乃是物性自然，而非形而上的性。但這個基本欲望並不安於它的基本角色。在基本的需求上，隨著肉體的自然成長，也隨著外境的逐漸複雜化，因此在「食」的追求上，不限於基本飽肚的食物，而進一步追求美味的食物，這點以嬰兒為例，最初他們吃罐頭的嬰兒食品，過了半載之後，他們便不肯再吃罐頭食物，而要吃較可口的食物了。到了成人後，更講究食物的香嫩、配料、色彩等等，甚至於山珍海味。「食」只是五官中的一官，卻由口，而眼，而鼻，而耳，進食還要配上音樂、美女，而窮極奢華。再由食，而衣，而住，而行，愈變愈複雜，欲望也愈來愈多樣。「食」是如此，色更不簡單，由傳宗接代的基本肉欲，而講究性愛的技巧，接著變化發展，與「情」發生關係，於是和「喜怒哀懼愛惡」產生了情結，使得肉欲更為複雜，影響了我們的情緒，其中愛情與肉欲密切的連接，也主導了我們情感的生活。於是再進一步，和其他的欲望如名利之欲牽扯不清，便成了一個肉欲主導的世界。這是西方許多心理學家的泛肉欲的理論，把所有正面的情、愛，都歸結在肉欲的欲結上。

⑷知的攙入

在這樣一個欲與情牽扯不清的發展，我們必須加以制衡，使它們不致發展到無法控制，而摧毀人類的一切善良的、美好的情和愛。這個能產生制衡作用的力量就是「知」。這個「知」在「情」和「欲」之間的作用乃是調節。譬如以最簡單的例子來說，在吃的時候，「知」便會有限制的功能，使我們知道什麼時候該停止，不能吃得過分，在追求肉欲時，這個「知」也會加以節制，告訴我們不能太過，太過會傷身，也許其中混雜了一些本能，但理智仍然扮演了重要的角色。就一般動物來說，這種節制來自動物的本能，牠們得到滿足後，自然不會再需求。可是人的這些「食」、「色」的基本欲望，牽涉到意識層面，便不聽本能的支使，所以本能無法自動控制，因此必須「知」的加入來節制，人從野蠻時期進入文明社會之後，我們的「情」，和「欲」的生活也愈來愈複雜，「情」和「欲」的牽扯也愈來愈混淆，因此「知」的調節作用也愈來愈強、愈來愈費力。由於「知」的這種調節作用的身份，因此往往不討好，譬如夫妻吵架，朋友來勸架，結果夫妻和好了，朋友卻被怨為管閒事。又如父母勸導子女，子女往往會怪父母囉唆。在弗洛伊德的心理學中，把這個「知」當作 super ego，成為 ego 抗拒的對象，反而成為害病的亂源，豈不是好心反而得不到好報嗎？試想，如果沒有 super ego 的「知」的話，那麼 ego 豈不是完全為肉欲所控制，而 ego 就完全變成肉欲了。

3. 理智

從生物學，或生理學的研究來看，人類理智或知識的獲得或進步，乃是由於經驗。即使就達爾文的生物進化論來看，各種生物能夠生存是由於牠們在弱肉強食、適者生存的環境中，從經驗事實中獲得。當然一般的生物只有身體的自動調節。但就靈長類的高等動物來說，猴子便能從生活的不斷實驗中獲得一些經驗，心理學家常以白老鼠、猴子做實驗，便可看出這一事實。至於人是天地之秀，靈智之最，當然能從不斷的經驗中獲得知識，從野蠻人變成文明人，這也是不可否認的事實。

再從生理學的層面來看，最基本而簡單的原理是刺激反應，這本是生理的自然反應。心理學家以每次搖鈴時，給狗食物，最後只搖鈴，不給狗食物，牠也會流口水。這雖是生理上的刺激反應，但並不是限於生理的自然反應，就如狗來說，並不限於生理自然，其間也有知性作用。譬如一個養狗的孩子訓練他的狗時，給狗食物，要牠在地上翻滾，甚至把食物放在狗前面，讓狗伏在地上，等待了一會兒，然後喝一聲，狗才能去搶吃食物。這說明了狗知道如何做才能得到食物。再看水族館表演的海豚，在牠們做了很多表演之後，才被餵食，所以海豚也知道表演之後，才有食物。這些都在刺激反應之後，憑經驗累積而成的「知」，雖然這些「知」很簡單，但我們卻不能否認它們也是經驗之「知」。至於人類有七情六欲的複雜生活，有人際關係的複雜環境，因此人類的經驗和知識也非常複雜，先就知識得自經驗來說，最粗淺的分類有兩種：一是外在的，一是內在的。外在的知識是由過去的經驗而來的，這又可分為兩種：一種是純知識性的，這是人類為了保護生存而獲得的知識，這本來是具體生活上的，後來逐漸發展成比較抽象的，如數學、科學等。另一種人際關係的知識，這些是屬於人文的，如法律、道德、政治、經濟等等，當然這些知識開始時，也是具體的生活規範，可是後來也發展為比較抽象的，如哲學等。這些方面的知識都是正面的，因為都是為了保護人類的生存，改善人類的生活，有利於人類的發展。

內在方面的知識，也是指人類根據刺激反應、生活經驗，所獲得的知識。這些知識都是根據個人不同的生理和心理，及各部分器官的性能，再加以先天的、後天的各種因素而形成的。所以每個人都是不同的，也是非常複雜的。外在的知識是客觀的事實，可是經過人的吸取、篩檢，變成內在的知識後，卻成為主觀的觀念。因此便有或多或少的曲折變化，於是便產生了正面的和負面的不同。譬如一個小孩在幼童時，天性愛父母，可是後來成長，獲得許多經驗的知識，逐漸學會了叛逆，有些小孩在五六歲時，便學會了故意在語言上選擇不喜歡聽的話來刺傷父母，這是他們學會了刺激反應，來運用在對付別人身上，以探測父母親的刺激反應。所以人類吸取外在的經驗知識，本是客觀的事實，但當這些經驗知識變成內在的經驗知識之後，形同以有色眼睛看外物，已經有所變化，再加以人心的運用，那便花樣更多了。前面說有正面的、負面的，這種正負不是截然二分的，其間的是非、好壞很難判斷。前面所說這個孩子用話刺激父母，也是他對父母的刺激反應的一種他自己的刺激反應，這也是他設計的一種對學習經驗知識的探求。在成長的曲折和艱難的過程中，一個人的年齡成長就有不斷的錯誤的嘗試，在嘗試成功之後，這些錯誤又變為成功的資料，無所謂錯誤可言。在這不斷的學習、經驗，與成長的過程中，這些經驗知識揚棄了錯誤的嘗試，而變成一種較為固定、可靠的知識。就外面的知識來說，由過去到現在，我們的前人、古哲、學者、專家們所研究而得的，便是不同的理論。當然由於不同的方法、見解，而有是是非非的爭論和相異，如哲學派別、政治理論、宗教信仰等。至於內在的知識，由於每個人的特殊性，而形成了每個人不同的觀念、成見，也就是對事物判斷的標準。這些標準的差異，是是非非，當然很難說得清楚，而有定論。

在兩千多年前，中國的哲人莊子便把這種「知」分為兩類，一是「知者接也」，一是「知者謀也」。前者的「接」是指接於物，即我們的心知對外在知識的追求，所謂「吾生也有涯，知亦無涯。以有涯逐無涯，殆已」。這就是指外在的事物，其量無窮，變化也無窮，因此我們對外在事物的知識的探討也無窮，以有限的生命去追求無窮的知識，殫精竭慮，對生命自然會有所損傷。莊子又接著說：「已而為知者，殆而已矣！」這是說我們對外物的知識有限，而不能自覺，這是危險的。如果把這種有限之知的危險，當作自己的有知，自以為知，這更是最大的危險了。譬如今天的科學研究、經濟政策，已經把人類帶到危險的境地，可是很多科學家、經濟學家們還是驕傲自己的成就，自以為最尊，目空一切，這將會把人類帶入了絕境。

再說後面的一種知識，「謀」是謀求、計謀、謀畫，也就是人心之欲的計謀。這種欲和知的接合，使我們的「知」失去了作為知識的客觀性、公正性，以及正面的意義。使知為欲所控制，而轉變為主觀的、偏見的、自私的，而成負面的意義，所以莊子才說：「知者，爭之器也。」知識愈多的人，非但不能愈有德，反而有時成為破壞道德的殺手，「知」不僅是爭之器，更是殺人之器，科學武器的發達，不正表顯了人心之好殺嗎？

現在，再回到心知的層次上，看看我曾列出的許多有關「心知」的性能，我們把它們歸納為四類：

(1)道德良知

這是哲學探討的範圍。「良知」屬於不學而能、不學而知的形上部分。這本可歸入「心神」的層次，但「良知」的這個「知」畢竟是在「知」的層次上。對是非、好壞有「知」性的判斷。而且是否不學而能和不學而知，也還值得討論，譬如孟子說孩童愛父母是天性自然的，可是嬰兒的有奶便是娘是否也是天性自然呢？這樣的討論可能又成為爭論，因為把「良知」拉上了「性」字，而對這個「性」是物性、人性、真性又界限不清，爭論自然就不休了。在這裡，我們把「良知」放在道德之後，說道德良知，便避免了牽扯到「性」的問題上去，而只論道德的良知。是以道德而論良知，而不是以性去論良知。

道德雖然也有先天、後天、絕對、相對之分。先天和絕對也屬於形而上部分。但我們講道德還是多就經驗知識來講，為了強調道德的至高，把它由後天推到先天；為了避免道德的分歧，把它由相對推到絕對。道德的知識畢竟是人類從生活經驗中學得到，它們的作用就是對我們的「情」和「欲」的一種節制和調和，使我們的七情都能發其所應發，不至於過分而傷己，不至於過當而傷人。在中國文化裡，周公的制禮作樂便是對我們「情」和「欲」的一種節制和化導。在《禮記》中的那篇〈樂記〉，從頭到尾都在強調「樂」是幫助我們化除人欲，是使我們內心和諧。在祭祀中的「樂」是求「神人以和」；在各國會盟中的「樂」，是為了「萬邦以和」。個人聽了「樂」，是要使我們喜怒哀樂，發而皆中節的「和」。至於「禮」，更在中國歷史文化上扮演了一個極重要的角色，它的任務就是安定社會人心。這種「禮」

在外面是禮制，它的重要勝過於法律。在內心就是情的規範，欲的節制，它的功用相當於道德。事實上，中國的道德即是禮的化身而已。然而外在的禮制因時代的變遷不能調適，因此不能化導人心，而僵化了。於是外在禮制所形成的道德和人心的情欲產生衝突，這便變成心理學家眼中的super ego，反而使ego產生心理病態。其實他們忽略了內心的禮念，如孟子的「惻隱之心」、「羞惡之心」、「辭讓之心」、「是非之心」所形成的道德良知，卻可以調節我們的「情」和「欲」，仍然在默默的把ego化導為真正的自我。

⑵理性邏輯

邏輯是一套推理的思考原則，這是和數理有關的知識。在西方，這方面的發展非常發達。在中國，雖然沒有像西方那樣發達的數理、邏輯，和科學，但中國古代的六藝已重視「數」，不過中國人的數理，限於算術，和中國人的日常生活發生密切的關係，不像西方在這方面發展為幾何、代數、邏輯（數理邏輯），成為專門的學科。此處我們說邏輯，是屬於外在的知識，相對於這個外在知識，在內心的就是理性。理性也有它形同邏輯的思考原則，就是所謂的理智了。理性或理智是屬於內心的，也是一種推理的作用。這種推理是由對事物的觀察，而推到自身，再由自身而推到外物的一種內外交感的作用。釋迦牟尼由看到人們的生老病死，而推出無常的苦觀，再由苦而演釋出苦集滅道的四諦，及生死輪迴的十二因緣，就是理性的推理，再如中國哲學裡，孔子的「己所不欲，勿施於人」，孟子的「不忍人之心」，及「人溺己溺，人飢己飢」的同理心，都是理性的推理，都是一種指導我們如何去運用，而轉化「情」和「欲」的理智。

數理和邏輯只能用於外在的知識上，A不等於非A是它們的基本原則，可是用在人心中，對付「情」和「欲」，便未必能適切。因為A不等於非A易變成二元的二分法。可是人類的是非、好壞、「情」和「欲」，卻不是二分法所能規劃的。西方心理學家用科學的方法來研究人心，難免不會墮入二分法的推理中，而見不到理性推理的圓融。

⑶聰明計算

這裡說「聰明」和「計算」乃是就一般生活上的說法。「聰明」是指人們對外在事物反應的敏捷，對外物認識的清楚，處理事物的準確。所以中國哲學說：人是萬物之秀。這個「秀」字，用一般的語言來說就是聰明伶俐。由於人是萬物中最聰明的動物，所以才能從萬物中脫穎而出，成為萬物的領導，代替上帝主宰了萬物。聰明在好的方面來說，就是人能用他們的聰明開展出人類的文明，美化了這個世界。可是從壞的方面來說，聰明會善於計算，前面我們說邏輯的推理是客觀知識的計算，當然是有功於科學文明，可是這種計算用之於人心，是指計畫、謀求、設計、經營、策略等等。由於人類有計算心，他們才能計畫現在，謀求未來；才能設計社會的組織，經營人類的事業。這都是人類具有計算心的這一特色，這都是正面的發展。

可是由於人類自我觀念的加入，使得計算心成為自私的工具，如莊子說的「知者謀也」。由謀而使知為「爭之器」，這便成為人類鬥爭的工具了。這個自我觀念在心理的層面上來說，本是一種防禦或保護個人生存的功能，也是與生俱來的，當然也是正面的，可是這種功能，加上人類的聰明和善於計算，我們常說某人「聰明能幹」、「工於心計」，在人我之間的計較，自私心的突出，於是便自私自利，損人利己，而造成了今天社會，一方面是科學文明的偉大建樹，另一方面又是道德敗壞，精神沉淪的人欲橫流。

(4)思慮反思

這裡說「思慮」是指人類和其他動物的不同，是人類有一種能思的特色。依據生物進化論的說法，人本是動物的一種，是屬猿猴類，但由於人能直立起來，後腦得以發展，而慢慢獲得一種能思的特性。這樣便從萬物中超脫出來。舉例說，從生到死的這條路子上，是任何生物所不能免的。所有動物也都有天生俱來的保護生存的本能，甚至有些動物在被宰割之前，好像有預感似的會哭泣哀號。可是沒有一個動物在有生命時，便知道生命有一個終結，對死亡產生恐懼。人們對死亡的恐懼並不是面臨死亡才有，而是在他快樂時，便會有知性，使他們認識死亡。如釋迦牟尼身為高高在上的王子，享盡榮華富貴的快樂時，卻感受到死亡的痛苦。這種感覺也是一般人都具有的。有時這種感覺不只是對自己，而且也對自己的親人、同胞、人類，甚至其他生物都是同樣的。所以這種思慮可以衝破肉體的間隔，成為對苦難者的同情，對人類的關懷，甚至不同的宗教信仰者，更擴大到對所有生物的慈悲心。

這種思慮的另一特色是由思慮而產生反思的作用，這種作用也是前面所說同情心、關懷心，和慈悲心的基礎，但這裡所說的反思也有兩種作用，一是反推，一是反省。反推是指先從自己的切身經驗，而推己及人，推己及物，這是儒家講的恕道。另一所謂反省是對自己的檢視和要求。俗語所謂責己以嚴，待人以寬，這是自我修養德行的基礎。這兩種作用也是人所特有的，是經過思考的理智作用，由此才能建立起人與人之間的互信相容。

4. 精神

在精神這一層面上，是最難界定，最不易分析，也最說不清楚的。在西方哲學上有個術語叫 metaphysics，翻成中文為形而上學。這詞出自《易經・繫辭傳》的「形而上之之謂道」。這句話前人都解作在形體之上，看不見的，而我有一個新解，是指超越形體，而往上提升的路子。這也是道的意思。並非有一個道在形體之上，高高的懸在那裡。再就metaphysics的希臘原意是後物理學，是指物理現象背後的原則，如果我們以學術去研究它，是一種理論，以宗教去信仰它，便是神明或上帝。總之是看不見的，是我們用普通的知識無法了解的。先師起鈞教授曾描寫metaphysics說，有一隻螞蟻爬在我們的手背上，看到毛髮以為大樹，看到皮膚的皺紋以為是溝渠，其實我們人看到的只是皮膚而已。可是反觀我們人看到的山河大地，它們的真實性又如何呢？是否也是某一神靈的皮膚呢？如果照這樣推論下去，可能我們又會陷入了懷疑論、或不可知論。其實，真正的懷疑論或不可知論，是對人的知性的一種不信任，認為人的知性不足，無法把我們帶到上帝那裡，或宇宙至極的境界。這便是由「知」到「神」提升的一個大問題。探索這個問題，我們可以分三方面來討論：

(1)黑暗——混沌

「黑暗」是指我們的理智無法進入這一地帶，所以是一片黑暗，也就是說理性之光無法照耀它。我們試觀那無窮的宇宙太空，不正是一片黑暗嗎？儘管今天的科學家可以探討月球、火星，但這兩顆星球，畢竟是地球的近鄰，至於那無窮的宇宙究竟有多大，根本用人知的數字無法測量，所以科學說那裡有個大黑洞，這是外在的宇宙。至於人的精神也有這片黑暗地帶。心理學家稱之為潛意識或無意識，也就是說用人知去觀察意識，而有看不到的地帶，這地帶也很大，所以喻為冰山之一角。這裡所說的「黑暗」並不是絕對的空無，只是我們人知所不及，就像宇宙的大黑洞。至於離我們地球比較近的地帶，科學家們仍然可以觀察到許多星球的現象，這一地帶不是絕對的黑暗，而是混沌的。「混沌」兩字出自於《莊子》一書，是指一個沒有被「知」心開鑿的境界，這一境界像陰陽未判的太極，像老子「混而為一」的道。但混沌畢竟是黑暗與光明的過渡地帶，也就是從知到神之間的知而不知的地帶。在中國哲學來說，這一地帶有源頭活水，是非常重要的。「太極生兩儀」的「太極」、「道生一，一生二」的「一」，孔子的「朝聞道，夕死可也」的「道」，都是這一混沌的境界。這一境界，是形上通往形下的開始，是萬物造化的發端處，這不是指把人類發展推到百萬年前的那個大恐龍時期，而是指萬物造化始生的那混成的氣和力。我們不講萬物的進化，而就人心來說，這個境界是真心、本性、真我、自性，總之，這是精神至高的一個境界。它不是完全的黑暗，而是黑暗中透有光明，它也不是有知的「明」，而是不用知的「明」。這一境界用混沌兩字來描寫，有兩種意義，一是對下層的知來說，有「點破」和「超越」作用。「點破」是點明那種知的自以為知，而摧破知的獨斷的愚昧。「超越」是指超越了理智的範疇，而不為知所限。另一是指通向萬物的生生的功用。混沌猶如混融，好像造化鑪鼎中的混融的液漿，可以鑄成各種物品。用老子的話來說，這個混沌的境界就是「道生一」的「一」。「一」是無，也是有；是歸元的「無」，也是生生的「有」。

在西方心理學上講的潛意識，就相當於混沌地帶。在潛意識背後，心理學家無法分析得知的是黑暗的大洞，心理學家探索的潛意識是混沌地帶。可惜的是，今天心理學的病理學家只強調那些潛意識中包含的從意識打入冷宮的病根，只從潛意識中挖掘那些負面的病根。但如果把潛意識和中哲的混沌境界相連，也就是把潛意識提到神的層次，那麼潛意識中將會有許多正面的意義，如生生的功能。也就是說在這一層次中，有精神的生生功能，這是我們精神的力量。如果把心理學上病態的潛意識和佛學的無明相比，卻是非常相似的，無明是沒有光明、沒有智慧，是黑暗的。無明如果是前世所造的業的話，無明是欲，那麼在我們的潛意識中，早已潛伏了這個煩惱製造者的禍根。因此人一有意識，便有無明，便永遠也擺脫不了痛苦煩惱，甚至罪惡的宿命，也就是說把無明當作混沌，使我們無法通過混沌而達精神的至高境界。

⑵上帝—神明—佛性

由於人的理性之知的發展不夠充實而無法上達，也就無法淨化意識，向精神的層次提升。在這種人知的無力感下，宗教的信仰便產生了力量。有些西方的哲學家心理學家認為上帝是人創造出來的。這種無神論者的說法，顯然對這個「神」持負面的意義。我們把他們的說法稍微改變一下，認為是人在心知無法上達時，深感人知乏力，無法去駕馭我們的意識，所以信仰在我們之上，那個生生造化的力量來自上帝。在中哲這個造化的力量是道，而在西方，上帝就是道。他們把那黑暗、混沌的地帶，由上帝來掌管，上帝是一道光芒，也就是說把黑暗混沌的地帶都照光明了。於是他們把知轉為信仰，而與上帝相通，然後再借助上帝的力量，來幫他們駕馭意識。這是藉信仰來打通知與神之間的相隔。

在中國的宗教信仰來說，我們講神明。這兩字來自於《易經‧繫辭傳》的「神而明之」，本有較深的哲學意義，但一般用在宗教信仰上，則是指神祇的靈明作用。

如道教及一般世俗信仰都把《聖經》中的上帝，逐漸演變為每個人頭上三尺都有的神明，再加上對人類有極大貢獻的人物，我們奉他們為神明，如大禹、孔明、關公等，這些神明乃是把這個黑暗混沌的地帶又光亮起來，和人產生溝通的作用。人知有限，但神明之知卻是無微不照的。所以「神明」的明，也代表一種「知」之明，它可以幫助人知之不足，來為人管制意識之欲，使我們避惡而趨善。

在佛教上，相當於上帝與神明的，乃是佛和菩薩了。在原始佛教之初，釋迦牟尼追求的是憑個人修持工夫以滅欲，達到無欲和涅槃境界。這種工夫是以修阿羅漢為目標。這時期，在佛教尚沒有強調相當於上帝或神明的觀念。可是佛教發展到後來的大乘，思想方面雖然大開大放，自由多了，可是在信仰方面，宗教的色彩卻加濃了不少。於是釋迦成了佛，在宗教上又創造了另一批菩薩的大弟子，他們的作用有二，一是憑修養工夫，向上提升，菩薩都是佛的化身，甚至連維摩詰居士，也是菩薩，也是金粟如來。另一是向下通達人間，以他們的智慧，來為人們淨除多欲的意識。

⑶清明—空靈—智慧

在這一層次上，和前節的宗教信仰不同，前面是重外力，此處是講自力。是由自己心性的修養工夫，把「知」由知識之知提升為理性之知，再由理性之知下貫意識的層次，加以轉化，以達純淨的境界，也就是這一層次的精神。

所謂「清明」，是以心的清明，達到精神的清明。孟子以為在清早的時候，我們的頭腦非常純淨，這時候我們的夜氣完全消失，因為夜氣保留著白天追逐欲望的私念，也即有欲的意識，到了清晨，「夜氣不足以存」，這時沒有私心欲念，清明在躬，孟子也喻之為良知，就是知進入了神的境地。

在佛學上講諸法皆空，這個「空」不只是限於外在事物皆為緣起而無常的空，更是注重內心的無執而清淨的「空」。這個「空」不是什麼都沒有的死空、頑空，而是心中沒有執著所產生自在的空靈境界。這種「空靈」是心的空靈、性的空靈，也是精神的空靈。「空靈」的「靈」就是精神的一種靈妙作用。這種作用好像一種神通，但在佛學上的神通有六種，即天眼、天耳、他心、宿命、神足，和漏盡。前五種都有神祕的力量，只有最後一種漏盡，是指一切欲望除盡了的精神自由的境界，也即是此處我們強調的空靈。「空」是精神的自空，無拘無束；「靈」是精神的自在，無所不在。

智慧乃是由佛學的梵文「般若」兩字翻譯過來的，在印度的佛教經典，翻成中文，有時仍沿用梵文的音譯而直接用「般若」兩字，這是依照玄奘的五不翻原則，因「般若」有深意，而且令人起敬仰心，故不翻。但在中文的佛學論著中，都為「般若」與「智慧」兼用。在中國哲學的早期經典裡，並沒有智慧兩字，只是在《老子》書中有「慧智出，有大偽」，可見智慧兩字倒過來的「慧智」，反而是負面的意思，是指聰明才智。不過《老子》書中仍有正負兩義，如「絕聖棄知」的知是負面的，而「知者不言」的知是正面的。在《莊子》書中也有「小知不及大知」的小大的對稱，還有「真人而後有真知」的最高的知。在儒家書中有一般的知，也有「知、仁、勇」三達德的知，所以在中國哲學裡也有最高境界的「知」。這種最高境界的知，也是相當於智慧的。不過佛家般若的智慧與中國哲學的智慧仍然有所不同，佛家們總認為般若的智慧是最高的、最空靈的，而儒道兩家的智慧只是屬於世智，即世俗的智慧。僧肇有「般若無知」之論，顯然他所謂的般若之知已進入神化的境界。不過儒道的知在達到最高境界時，也通乎神，所謂「神而明之」、「神而化之」，只是儒道的知又通了下去，「與世俗處」，去處理意識上的許多問題。孟子曾說：「大而化之之謂聖，聖而不可知之之謂神。」所謂「大而化之」是指聖王的處世功用，能夠普遍的教化人們。所謂「不可知」，並不是指神祕不可知，而是指其不為知所限，而能把知轉化以入神的境界。

⑷神與知的相互作用

在這裡值得我們探討的有兩個問題：一是為什麼「知」要通乎神之後，才能產生大力量去轉化意識？二是這個「神」又有什麼性能對於「知」產生轉化的作用？雖然這兩個問題是一體的兩面，本可合而為一，但我們仍把它們分開來討論，一個是從「知」的觀點；一個是從「神」的觀點。

從「知」方面來說，「知」的外在是知識，知識的發展是累積的、平面的，而知識進入內心之後，它變成了經驗、體驗，和了解。這種內在的知攙雜了我們先天而來的性理，和後天獲得的理智道德之知，便融合而成為理性之知。但由於內在的私欲和本能的影響，掩蓋了理性，遮斷了理智道德，使我們內心的知有時走偏了，有時剛愎自用，有時偏執太深，有時過於冷漠，欠缺真情。所以「知」必須入神，才能避免「知」之過，才能從「知」的硬殼中開放出來。所以老子要「絕聖棄知」，莊子要「知止於無知」，孔子的「好學近乎知」，也是要我們不斷的學習，不要為「知」所限。這是「知」必須通乎「神」的原因。

那麼，「神」為什麼對「知」有這種轉化作用呢？在這個「神」的層次上，我們曾列了上帝、道、自性、本心、真我等。上帝是屬於宗教信仰，暫且不論，至於其他三者：自性、本心、真我都和我們的心性有關，也都在我們的心性之中。這三者就像老子的道一樣，「道可道，非常道」，不是用語言文字所能界定的。如果這三者都有個客觀的實質的「性」，或「心」，或「我」可以把捉的話，那就不再是自性、本心、真我了。中國古代的哲人提出這三者的目的，就是打消我們對性、對心、對我的執著，使我們不限於一己之性、個別之心，或形軀之我，而能從「自我」的軀殼中開放出來，向上提升。所以「神」的意義不在是什麼「神」，不在有什麼力量，相反的，卻在於不是什麼「神」，沒有什麼力量。它正像老子的「無」，達摩的「廓然無聖」的「無」，敞開了上一截的通路，使我們的「知」能向上提升。所以「神」無自己的體性，像道一樣，「道法自然」。「神」的清明，是使「知」

清明，「神」的空靈是使「知」空靈，「神」是不可知，就因為它的不可知，卻能使「知」轉化為德，轉化為智慧。

後語

整體生命心理學的兩條轉化路線

我在美國教學時，面對西方思維的學生，一開始，我便告訴他們：「西洋哲學是用腦去思想，中國哲學是用心去思想」，他們聽了之後，都很茫然。其實中國文字的「心」，包括了英文的 mind 和 heart。英文的 mind 偏於思，heart 偏於情。而中文把 mind 和 heart 合成一個心字，也就是把思放在情上。程明道說：「天理二字卻是自家體貼出來。」（《宋元學案．明道語錄》）明道說這話時，相信他的手一定是貼在心胸上的。天理是屬於深思的，而體貼卻貼在情意的心上。這也就是我所謂「用心去思想」的意思。當然，我還可以提出很多例子來證明這種說法。不過那都是一些個別哲人、學者的修養工夫。未能有系統的歸納為一套理論原則。當我再度檢視我在〈心的轉化〉一文中所強調的「心知」走入「心意」中去指導七情六欲時，突然的，我發現了這就是「用心去思想」的道理。「心」如何能思？其實不是心能思，而是心知在心意中的思維。在《禮記》的〈樂記〉一文中提出，「天理」和「人欲」兩詞，而宋明理學家們卻津津樂道「存天理，滅人欲」。可是天理存在那裡？人欲如何滅掉？他們雖然各有工夫，但未能講得明白淺顯，讓一般人士都能試試。到了明末清初的王船山總算把「天理」和「人欲」拉在一起而說：「禮雖純為天理之節文，而必寓於人欲以見」（《讀四書大全說》卷八）。這正說明了「天理」於「人欲」中的作用。不過在其間執行任務的乃是「禮」的節文。

中國儒家思想，和中國歷史文化，都是以「禮制」為人群必遵的生活原則，也就是說以倫理道德的「心知」，到七情六欲的「心意」中去規範、去指導、去調適。問題是這些「禮制」因時代的變遷，及人們的偏執，容易墨守成規，不知變通，反而使道德變成禮教，不通人情。今天我們面對現代的世界，極為複雜的生活，和易變的情識，因此我們在「心知」上，不能再限於倫理道德的言教，而應吸收更多柔性的智慧，和開通的知識，到「心意識」中去輔導、去疏通我們的七情六欲。所以這條由「心知」到「心意」，或「用心去思想」的路子，雖然本是中國哲學的舊路，但值得我們予以翻新、開拓，而成為整體生命的大道。

除了這條下通的路子外，還有一條向上提升，再迴旋而下的路子。就是由「心知」而「心神」，再下降到「心意」中去逍遙而遊。在這條路上，其所以能上達，力道在「心知」，關鍵在「心神」。「心知」必須充實才能向上自我提升，而「心神」必須以虛為用，才能接納「心知」。這一點，我們在〈心的轉化〉中已有詳論。這裡我們就「整體生命心理學」的系統上，特別強調這個「真我」。因為這個「真我」，不離「自我」，是一個真真實實的「自我」。這個「真我」也不離「軀體」、「心意」、「心知」，是一以貫之的整體。很多學人和修行者，都把由「心知」到「心神」的層次，當作一種超越或揚棄，他們強調捨離「心知」，由冥修，而進入自性。他們又把自性看得過於玄妙、神祕。我曾評之為「冥修蓋頂，心知無力」。所謂「冥修蓋頂」是指他們都藉禪定，或瑜伽的修鍊，以期進入「自性」、「佛性」或「神靈」的境界，而這個境界，他們視之為超然實有，而又玄妙莫測，所以我認為他們的這一層次，反而不能虛，不能使我們乘「心知」以入神，因此「心神」反而擋去了「心知」上達之路，於是「心神」便永遠活在虛無飄渺之間，使我們迷航。現在依照「整體生命心理學」的轉化作用，「心知」進入了「心神」的層面時，「心知」仍然有「知」，只是由「小知」、「大知」，而藉「心神」的虛，轉化為「真知」，或「智慧」。這時「真知」或「智慧」，並非獨立的存在，而是緊扣了這個「我」，成為「真我」。這個「真我」在一般思維和修鍊上，又往往玄妙化、神祕化了。其實在「整體生命的心理學」上，這個「真我」又下通而與「我」結合在一起，事實上，它本來就是一個自體。但它卻取代了那個西方心理學只會抗拒、逃避的「自我」（ego），這個「真我」是真真實實的活在心意的層面中，每天和外界的一切衝激、刺激周旋；和內心的一切欲望、情緒調適。因為它有「心神」的「虛靈」，所以能百毒不侵；因為它有「心知」的「智慧」，所以能對付一切的困境，迎刃而解。在這一境界上，用儒家的話，即「清明在躬」；道家的話，即「逍遙而遊」；禪宗的話，即「平常心是道」。

在本書中，我所謂的「整體生命哲學」、「心的轉化」，及「整體生命心理學」，都是我近二十年來，在教學上的一些構想，用之於發展，推之於實行，還只是一個開始。譬如我有好幾位學生都在這方面努力。潘甘泉君本是習西方心理學的，他的博士論文是《儒家思想的心理治療學》，他曾把孔子「己所不欲，勿施於人」的思想用之於個案的治療上。李昌駿君是台大心理系畢業的，隨我習中國哲學後，他的博士論文是《忘——一個莊子意識的整體研究》，即用「整體生命哲學」的

「道、理、用」的三角形來研究莊子的心理意識。曾政立君，是政大心理系畢業的，也隨我研習中國哲學七八年之久，他的博士論文是：《禪宗的心的轉化》，也藉「道、理、用」的架構來研究哲學和心理學之間的溝通。美國學生地安德君（Adam Dietz），他的論文是《儒家的自我修養與君子的人格》，即是用「道、理、用」的方法來研究君子如何自修、如何處變。唐榮明君，本已獲得美國企管的博士，又來我校教課，並隨我研讀中國哲學的第二個博士，他的論文是《中國哲學的領導學》。目前他在北京主持領導力的培訓研究班，學生都是各公司的領導階層，他就是以「整體生命哲學」的「道（天）、理、用」，來直接解決各大公司的衝突問題，以求和諧的發展。還有其他不少學生，從他（她）們各具的專業上，把「整體生命哲學和心理學」的轉化思想，用之於商業、教育的園地上。

以上只是我的一些學生們的研究和發展，在本書問世之後，希望有興趣的讀者們，也能嘗試把他（她）們在「心知」上所獲得儲藏的一些知識、經驗、教訓，不論是有系統的，或片段的、零星的，都能化為智慧，在實際的生活上，通過他（她）們的「心意」，去解決問題，或幫助他（她）們的朋友解決問題。只要他（她）們能解決一個問題，就立刻使他（她）們的知識變成智慧、變成原則，而能解決更多的問題。這樣一來，我以上所說的兩條路線，便不只是空洞的構想，客觀的理論，而是他（她）們自己的生命、自己的生活、自己的路子。

我與心 整體生命心理學

作者◆吳怡
發行人◆王學哲
總編輯◆方鵬程
主編◆李俊男
責任編輯◆賴秉薇
美術設計◆吳郁婷
校對◆呂佳真

出版發行：臺灣商務印書館股份有限公司
臺北市重慶南路一段三十七號
電話：（02）2371-3712
讀者服務專線：0800056196
郵撥：0000165-1
網路書店：www.cptw.com.tw
E-mail：ecptw@cptw.com.tw
網址：www.cptw.com.tw

局版北市業字第 993 號
初版一刷：2010 年 2 月
定價：新台幣 300 元

ISBN 978-957-05-2451-2

國家圖書館出版品預行編目資料

我與心：整體生命心理學／吳怡著. --初版.
-- 臺北市：臺灣商務, 2010. 02
面 ； 公分

ISBN 978-957-05-2451-2(平裝)

1. 生命哲學

191.91 98022777

傳統現代　並翼而翔

Flying with the wings of tradition and modernity.

讀者回函卡

感謝您對本館的支持，為加強對您的服務，請填妥此卡，免付郵資寄回，可隨時收到本館最新出版訊息，及享受各種優惠。

■ 姓名：________________________ 性別：□ 男 □ 女

■ 出生日期：________年________月________日

■ 職業：□ 學生 □ 公務(含軍警) □ 家管 □ 服務 □ 金融 □ 製造
□ 資訊 □大眾傳播 □ 自由業 □ 濃漁牧 □ 退休 □ 其他

■ 學歷：□ 高中以下(含高中) □ 大專 □ 研究所(含以上)

■ 地址：____

____

■ 電話：(H)______________________(O)______________________

■ E-mail:____

■ 購買書名：____

■ 您從何處得知本書？

□ 網路 □ 書店 □ 報紙廣告 □ 報紙專欄 □ 雜誌廣告
□ DM 廣告 □ 傳單 □ 親友介紹 □ 電視廣播 □ 其他

■ 您喜歡閱讀哪一類別的書籍？

□ 哲學・宗教 □ 藝術・心靈 □ 人文・科普 □ 商業・投資
□ 社會・文化 □ 親子・學習 □ 生活・休閒 □ 醫學・養生
□ 文學・小說 □ 歷史・傳記

■ 您對本書的意見？（A/滿意 B/尚可 C/須改進）

內容__________ 編輯__________ 校對__________ 翻譯__________

封面設計__________ 價格__________ 其他__________

■ 您的建議：____

____

※ 歡迎您至本館網路書店發表書評及留下任何意見

臺灣商務印書館 The Commercial Press, Ltd.

台北市100重慶南路一段三十七號 電話：(02)23115538

讀者服務專線：0800056196 傳真：(02)23710274

郵撥：0000165-1 E-mail:ecptw@cptw.com.tw 網址：http://www.cptw.com.tw

部落格：http://blog.yam.com/ecptw http://blog.yam.com/jptw